링크드인

세계 최대 비즈니스 소셜미디어

링크드인

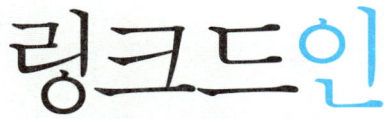

| 웨인 브레이트바르트 지음 · 김미정 옮김 |

차례

링크드인 국내 활용 사례

EC21 뉴미디어 기획팀

나도 처음엔 아무것도 모르고 시작했다!

나 역시 처음부터 링크드인의 효과를 알고 시작한 것은 아니다. 애
초에 링크드인이 내 비즈니스에 도움이 되리라고는 전혀 생각하지
않았던 내가 각 분야에서 유능한 전문가들을 대상으로 링크드인 강
의를 하게 될 줄은 더더욱 몰랐다. 나는 새로운 기술에 매료되는 사람
이 아니다. 오히려 숙련된 경험과 현장 지식을 중요하게 여기는 사람
이다.

일반적으로 각 분야의 전문가들이 새로운 기술을 접했을 때 제일
먼저 궁금해 하는 것은 '어떻게' 사용할 것인지가 아니라 '왜' 사용해
야 하는가이다. 따라서 이 책은 단순히 링크드인 활용법에서 그치는
것이 아니라 링크드인의 전략적인 활용이 중요한 이유를 설명한다.
즉 비즈니스 목적을 달성하는 데 어떻게 도움되는지를 알려준다.

e메일을 처음 접했을 때를 기억하는가? 나는 "아니, 어떻게 이런

것으로 비즈니스를 할 수 있지? 내가 사용하지 않으면 다른 사람도 사용하지 않겠지"였던 것으로 기억한다. 독자들도 크게 다르지 않았으리라 짐작한다. 그러나 오늘날 e메일을 사용하지 않는 사람은 거의 없다. 아마 단 하루나 몇 시간조차도 e메일을 확인하지 않으면 견디지 못하는 사람들도 많을 것이다. 오늘날 소셜미디어의 확산도 비슷한 맥락이라고 생각한다. 그리고 링크드인이 대표적인 예이다.

나는 미래학자는 아니지만 인터넷을 통해 사람들과 소통하는 방식은 앞으로 더욱 심화될 것으로 본다. 내 오프라인 강의를 들으러 오는 사람들 중에는 다음과 같이 심리적 안정을 바라고 오는 사람들도 많다. "그것 봐, 역시 별 거 아니군. 이제야 마음을 놓아도 되겠어. 링크드인을 관리하고 살기에는 너무 바쁘잖아."

이러한 기대는 불안감 때문에 생긴다. 그리고 그 불안감은 '링크드인의 미래가 아직 불투명한데 과연 지금 합류해야 하는가?'라는 일단의 의구심을 드러낸다. 여기에 '경쟁자들이 링크드인을 사용하는데 나만 쓰지 않으면 불리하지 않을까' 하는 조바심도 있다. 내 강의와 이 책은 모두 그런 불안감을 해소하는 데 목적이 있다. 다시 말해 이 책의 목표는 이 책을 읽은 사람들이 링크드인을 이용함에 있어 어느 정도 일정한 수준에 이르게 하는 것이다.

첫째, 링크드인 용어 및 기능을 이해하는 것이다. 실제로 링크드인을 이용하지 않아도 괜찮다. 모든 사람이 링크드인을 사용해야 하는 것도 아니다. 하지만 링크드인이 마케팅과 브랜딩에 어떻게 활용 가능한지를 이해해야 한다. 둘째, 링크드인 활용 가능성을 이해하고 제한적으로나마 링크드인을 커리어 관리 및 비즈니스에 전략적으로 활용하는 것이다. 그리고 마지막으로 본인의 이해 및 활용과 더불어 회사의 동료들에게 링크드인 활용을 권유하고 돕는 수준에 도달하는 것이다.

링크드인은 한마디로 인터넷을 통해 사람을 찾고 다른 사람들이 나 자신을 찾을 수 있도록 한다. 물론 이와 더불어 우리가 전통적으로 행해왔던 직접적인 대면으로 사람들과 소통하는 방식이 병행되어야 한다. 사람들 간의 사교와 소통의 많은 부분이 가상의 네트워크로 대체된다 해도 링크드인이 비즈니스를 위해 직접 만나고 전화하고 함께 시간을 보내는 방식을 완전하게 대체할 수는 없다. 사람들은 변함없이 자신이 잘 알고 신뢰하는 사람과 일을 하고 싶어 한다. 이러한 신뢰 관계는 직접 대면이 가장 확실하다.

한편 우리에게는 가족과 함께 보낼 시간, 골프나 낚시 등의 취미 시간 역시 중요하다. 그러므로 이미 **빡빡한** 일정에 부담을 더하지 않고 연중 일상적인 인맥, 즉 연중무휴 '인맥 24/7 형태'로 링크드인을 활용하기를 권장한다.

나는 미국 위스콘신 주의 주민으로서 일요일 오후면 여지없이 TV 앞에서 그린패커즈 팀의 미식축구 경기를 시청한다. 그러나 그때마다 내면에는 이러한 목소리가 등장한다. "이봐, 웨인. 지금 당신은 비생산적으로 시간을 보내고 있는 거야." 패커즈 팀이 실점이라도 하게 되면 이 목소리는 더욱 커진다. 그럴 때 나는 노트북을 가져와 네트워크에 있는 사람들의 소식을 확인한다. 물론 미식축구 중계를 놓치지 않는 것은 두말할 필요가 없다.

링크드인은 전 세계에서 가장 큰 규모의 비즈니스 인맥 형성 사이트이다. 링크드인에 가입하려면 홈페이지의 가입 메뉴, 혹은 지인에게서 가입 초대 e메일을 받아 수락하면 된다. 초대 e메일의 수락 버튼을 누르고 일정한 단계를 거치면 e메일을 받은 주소는 자동으로 링크드인 계정으로 등록된다. 대부분은 이렇게 초대 e메일을 받고 링크드인에 가입한다. 하지만 많은 사람들이 자신이 가입한 사이트가 무엇이며, 어떻게 이용하는지 알아보지 않고 그냥 묵혀두기 일쑤다.

링크드인 가입자는 1억 명에 달한다. 초당 1명씩 새로운 가입자가 늘고 있다. 현재 기존 회원의 절반은 미국에 거주한다. 링크드인 회원 구성에 관한 아래 표는 흥미로운 정보를 알려준다.

링크드인 회원 한눈에 보기

평균 연령	43세
남 : 여 비율	54 : 46 %
학사 이상의 고학력자	77.6%
비즈니스 의사 결정권자	49%
가입자 가구당 평균 수입	10만 7,278달러
가구당 평균 수입 10만 달러 이상 가입자	51.8%

자료제공 : 닐슨 온라인 @ 기획, 2009년 여름
자료인용 : http://advertising.linkedin.com/audience

이쯤에서 내가 링크드인을 시작하게 된 계기를 말해볼까 한다. 내겐 매주 교회에서 만나면 링크드인에 가입하라고 졸라대는 친구가 있었다. 그때마다 나는 "링크드인인지, 플락소인지, 페이스북인지 어차피 네가 올리는 글을 확인할 여유도 없어"라며 거절했다. 그러나 그 친구는 소위 중소기업 경영자가 이걸 모르면 어떡하냐며 포기하지 않았다. 그러던 어느 날 지방 출장을 갔다가 호텔 방에 할 일 없이 처박혀 있게 된 적이 있었다. 원래 내 성격이 TV 앞에 있어도 가만히 앉아 있지 못하기 때문에 무엇을 할까 고민하다가 심심풀이로 친구가 말한 사이트에 접속했다.

두 시간 정도 사이트를 돌아다니자 링크드인에 대한 의구심들이 모두 걷혔다. 곧바로 나는 아마존닷컴에서 관련 서적 두 권을 주문하고, 그 자리에서 꼬박 다섯 시간 동안 링크드인 사용법을 공부했다. 그 뒤 나는 링크드인이 강력한 비즈니스 도구가 될 수 있음을 확신했다. 링크드인을 제대로 알고 전문가 수준으로 이용해야겠다는 생각이 들었다. 내가 열렬한 링크드인 추종자가 되는 순간이었다. 나는 대학 동기들, 30년 동안 밀워키 지역에서 비즈니스로 알게 된 거래처 직원을 포함해 나의 모든 인맥을 검색하거나 링크드인으로 초대해 네트워크로 연결했다.

이러한 나의 열정에 부응한 몇몇 친구들이 링크드인에 관해 물어오기 시작했다. 나는 그들을 사무실로 초대해 링크드인 관련 정보를 공유했다. 이러한 노력이 정규 강의로 발전했고, 현재 매달 수차례 강의를 열고 있다. 그리고 중견기업 외에도 상공회의소, 여러 전문가협회, 로터리클럽 등의 기관을 대상으로 강연을 하고 있다.

사람들이 링크드인을 '비즈니스 전문가들을 위한 페이스북'이라고 말하지만 정작 그들이 링크드인을 찾는 이유는 페이스북과 달라서다. 현재 페이스북 회원은 약 6억 명으로 추산된다. 이렇게 거대한 회원 규모는 해당 분야의 전문가들을 매료시키기에 충분하다. 하지만 페이스북은 사진 등을 통해 사생활 및 정치, 종교, 인간관계 수준이 그대로 노출된다. 그래서 비즈니스 인맥을 위한 도구로 이용하기엔 무리가 있다. 페이스북은 특정 업종과 관련해 소비자와 직접 유통을 가능하게 하지만, 이 또한 링크드인의 자체적인 통제 메커니즘과 정보 공개 수준을 조정하는 장점을 능가하지 못한다(이러한 통제 메커니즘과 정보 공개 수준이 무엇인지는 나중에 자세히 설명한다).

이만하면 독자들은 링크드인이 어떤 도움이 되는지 충분히 호기심이 생겼을 것이다. 알면 알수록 부담도 사라질 것이다. 링크드인이 독자들의 비즈니스에 박차를 가하고, 마케팅에 도움을 주고, 커리어를 관리하는 데 어떻게 활용될지 지금부터 살펴보자.

오영호

우리들은 세계 어느 나라보다 온라인 환경에 많이 익숙하다고 자부하고 있습니다. 시골 어디에 가더라도 인터넷에 접속할 수 있고, 스마트폰과 태블릿 PC 같은 최신 IT기기가 놀라운 속도로 확산되는 것 또한 사실입니다. 하지만 온라인 비즈니스에 있어 우리나라가 선진국인지는 물음표라 할 수 있습니다. e메일과 e마켓플레이스를 제외하고는 해외 여타 선진국에 비해 온라인 영역에서 비즈니스 기회를 찾고, 신규 시장을 개척하는 일이 아직까지는 많지 않은 것 같습니다.

특히 소셜네트워크서비스(SNS)를 포함한 소셜미디어의 경우 이러한 현상이 두드러집니다. 아직까지 우리나라 사람들은 소셜미디어를 주로 친목 도모에 사용하는데 머물고 비즈니스에 활용할 생각은 못하고 있는 듯합니다. 외국에서는 소셜미디어를 통한 비즈니스가 이미 보편화되어 있는데 말입니다. 한국무역협회는 소셜미디어를 활용한 비즈니스 확산이 절실히 필요하다는 점에서 이번에 링크드인 번역서를 기획했습니다.

링크드인은 가입자만 1억 명이 넘는 대표적인 글로벌 소셜미디어로 가입자 대부분이 비즈니스 목적으로 서로 네트워킹을 하면서 바이어 발굴, 신규시장 개척, 시장 조사, 비즈니스 파트너 물색 등 다양한 성과를 올리는 플랫폼으로 널리 활용되고 있습니다.

특히 링크드인은 소셜네트워크서비스(SNS)로는 최초로 2011년 5월 19일 미국 뉴욕증권거래소(NYSE)에 상장되는 등 그 기업과 서비스 가치를 글로벌 시장에서 인정받고 있습니다. 링크드인의 기업공개로 SNS를 활용한 해외 마케팅은 국내에서 더욱 탄력을 받을 것으로 여겨집니다. 한국무역협회는 2011년 1월 '소셜네트워크 수출마케팅 지원센터'를 개소하고 링크드인을 활용해 국내 대표 강소기업의 해외 마케팅을 집중적으로 지원해 성과를 내고 있습니다. 아울러 링크드인이 해외 마케팅에 많은 예산을 배정하기 어렵거나 담당 인력이 많지 않은 중견·중소기업에게 든든한 지원군이 될 수 있음을 확인하였습니다. 꾸준히 링크드인으로 해외 마케팅을 추진하시면 의미 있는 결실을 볼 것이라 생각합니다.

이 책이 해외시장 진출을 위해 SNS 마케팅을 추진하는 기업과 무역인들에게 유익한 길잡이가 될 수 있다는 점에서 일독을 권해드립니다.

출간을 위해 힘써주신 도서출판 말글빛냄과 출간의 실무를 맡은 한국무역협회 e-Biz지원본부 그리고 온라인 마케팅 전문업체로서 출간에 협력해준 EC21 관계자 여러분에게 감사드리며 한국무역협회는 앞으로도 우리나라 중견·중소기업의 해외 마케팅 활동을 적극적으로 지원할 것을 약속드립니다.

2011년 5월

추 천 의 글 **중 앙 일 보 논 설 위 원**

심상복

소셜네트워크 서비스(SNS) 하면 페이스북과 트위터가 먼저 떠오를 것이다. 링크드인(LinkedIn)? 아직은 좀 낯설다. 하지만 요즘 새롭게 뜨고 있는 '물건'이다. 기존 SNS와는 확실히 다른 특장(特長)이 있다. 바로 비즈니스맨을 위한 글로벌 SNS라는 것이다. 소셜미디어를 돈 버는 데 쓴다? 그렇다. 개인간 네트워킹을 통해 사생활과 정보를 공유하는 SNS가 비즈니스로 한 단계 더 진화한 것이 링크드인이다. 이쯤 설명하면 구미가 당길 것이다.

현재 가입자가 1억 명쯤 되는데 모두 비즈니스맨이라고 보면 된다. 가입자 평균 나이는 43세, 연봉은 10만 달러 선이다. 개인 신상 정보 외에 자신의 직장과 업무 정보가 파워의 원천이다. 해외의 연관 산업 동향을 알아볼 수 있고, 협력업체를 찾거나 로컬 인력을 구할 수도 있다. 좀더 쉽게 말해 이곳에서 바이어를 찾을 수도 있고, 새 직장을 알아볼 수도 있다. 회원들을 상대로 공짜로 설문조사를 해 시장동향을 미리 파악하기도 한다. 내 회사와 제품을 홍보할 수 있음은 물론이다.

자신의 일터를 공개하는 사이트인만큼 다른 SNS에 비해 정보의 신뢰성이 높다는 것도 큰 장점이다. 장난을 치거나 속임수 정보는 발을 붙이기 힘들다. 그랬다간 이 바닥에서 버틸 수 없기 때문이다. 링크드인에서는 개인정보가 직접 노출되므로 대기업 총수라도 본인이 직접 계정을 관리하는 게 일반적이다. 비즈니스 네트워크뿐 아니라 개인 인맥도 함께 섞여 있기 때문에 비서에게 관리를 맡기기 어려운 탓이다. 덕분에 가입자들은 상대방과 연결되면 빠른 의사결정을 기대할 수 있다.

미국 〈포춘Fortune〉 선정 글로벌 500대 기업의 임원이 모두 링크드인 회원이라는 사실이 이런 설명을 뒷받침한다. 상대를 믿을 수 있기에 진지한 비즈니스 대화가 오가고 그만큼 계약 성사율이 높다. 요즘 링크드인에는 한 달에 100만 명씩 회원이 불어나고 있다. 가입자가 늘어날수록 사업 기회가 넓어지는 것은 당연하다.

책 뒷부분에 링크드인 120% 활용법까지 붙였다. 오래전부터 해외 비즈니스 개척에 헌신해 온 한국무역협회와 국내 최대 글로벌 마케팅 컨설팅 기업 EC21이 애쓴 덕이다.

2011년 5월

Chapter 01

소셜미디어의 새로운 길

링크드인 파워 공식

   나의 링크드인 경력은 이제 갓 1년이 넘었다. 그러나 그동안 120회 이상의 강의와 4,000명이 넘는 수강생을 통해 중요한 사실을 깨달았다. 소셜미디어는 우리에게 꼭 필요한 도구라는 사실을 깨달은 것이다. 우리에게 소셜미디어는 마치 대장장이가 망치라는 도구를 다루는 모습과 흡사하다.

   그렇다면 소셜미디어 이용자인 우리는 어떤 사람들인가? 우리들 중에는 인터넷과 함께 성장하면서 새로운 기술을 쉽게 받아들이는 페이스북 세대가 있는 반면, 새로운 도구가 나타나면 겁부터 먹고 "제발 내일 아침 잠에서 깨면 '본래'대로 돌아가고 새로운 것은 사라져 버렸으면 좋겠다"고 생각하는 비(非) 페이스북 세대가 있다.

비 페이스북 세대가 좌절할 이유는 없다. 이들이야말로 링크드인 활용 효과를 극대화할 중요한 자산을 가진 세대들이다. 여기서 자산이란 오랜 경험과 인맥을 말한다. 이러한 요소 간의 관계는 다음과 같이 공식화 할 수 있다. 이것을 이 책에서는 '링크드인 파워 공식'이라 부른다.

경험 + 인맥 + 도구 (링크드인) = 진정한 힘

링크드인은 비즈니스 경험이 있고 배우려는 의지만 있으면 누구든 유용하게 활용할 수 있다. 뿐만 아니라 링크드인 활용법은 복잡하지 않다. 필요하면 관련 도서나 설명회, 지인이나 웹사이트의 학습센터에서 이용방법을 읽은 뒤 그대로 하면 된다. 그런 다음 점차 시간을 들여 링크드인의 효과적인 활용법을 궁리하고, 평소에 링크드인을 가까이하는 습관을 들이면 된다.

페이스북 세대는 새로운 기술 습득에 매우 뛰어나다. 그러나 그들은 링크드인 때문에 두 시간짜리 세미나에 참석하며 관심을 갖지는 않는다. 무엇보다 그들에게는 수년에 걸쳐 비즈니스 미팅, 출장, 사업기획, 또는 비즈니스의 성공과 실패, 구직, 실직 등을 통해 쌓은 경험과 인맥이 많지 않다. 이에 반해 비 페이스북 세대에게는 오랫동안 쌓아온 풍부한 경험과 인맥이 있다. 이 때문에 링크드인을 지속적이면서 전략적으로 활용하면 단 1주일 만에라도 원하는 목적지에 도달할 수 있다. 나 역시 책을 통해 정보를 소화하고, 나만의 전략을 세웠다.

그렇다면 링크드인의 효과를 배가시키는 각 요소가 무엇인지 자세히 살펴보자.

⚗ 경험

우리 각자가 가진 고유한 경험은 모든 비즈니스의 밑바탕이 된다. 고유한 경험에는 학력, 경력, 문화, 민족, 관심사, 가족 등이 포함된다. 온라인 마케팅과 홍보가 대세로 자리잡으면서 자신의 브랜드화는 이제 필수가 됐다. 개인 브랜드화의 핵심은 그 사람의 고유한 경험이다. 비즈니스 현장 경험이 많을수록 자연스럽게 더 많은 경험을 쌓게 되고, 이는 새로운 비즈니스 기회 포착의 초석이 된다.

⚗ 인맥

사람들은 각각 다른 길을 가면서 각자 다른 사람들을 만난다. 이렇게 사람들은 서로 다른 인맥을 구축한다. 우리는 친구, 비즈니스 파트너, 사업상의 고객을 찾을 때 이러한 인간관계에 의지한다. 사적이든 혹은 사업상의 필요에서든 우리는 도움이 필요하면 인맥을 활용하며, 그들 또한 정보와 경험, 자원이 필요할 때 전화 한 통으로 우리에게 닿을 수 있음을 안다. 따라서 인맥은 값진 재산이며, 끊임없이 확대되고 다양한 분야로 확장된다. 인맥은 이렇게 우리의 생활과 비즈니스에서 중요한 의미를 갖고 있다.

⚬ 도구

도구란 일정한 목적 달성에 소요되는 시간과 노력을 단축하거나 능력을 강화시키는 유용한 것을 말한다. 따라서 소셜미디어 역시 이 범주에 속한다. 이전에는 기존에 사용하던 도구가 특별한 말썽을 일으키지 않는 한 새로운 도구로 바꿀 필요성이 크지 않았다. 그러나 요즘의 세태는 전화번호부 책자 정보는 그대로인데, 더 편리한 마이크로소프트(MS) 아웃룩이 등장한 것과 같다.

새로운 도구의 사용법을 익히는 것은 처음에는 불편하지만 인내하고 익히기만 하면 한 번의 클릭으로 두꺼운 책의 정보를 모두 불러올 수 있다. 나는 그동안 수많은 강의에서 '파워 공식'의 중요성을 강조했다. 링크드인이라는 도구의 사용법과 의미를 똑같이 이해한 사람이라도 실제 활용에서는 같을 수 없다. 오랜 시간 커리어와 인맥을 쌓은 사용자와 이제 막 사회에 발을 내딛고 시작하는 사용자와는 차이가 날 수밖에 없다.

하지만 이것이 사회 초년생의 링크드인 이용가치가 떨어지는 것을 의미하지는 않는다. 이들 역시 설득력 있는 링크드인 프로필을 만들어 인맥을 넓히고 자신의 목적에 맞게 활용하면 된다.

이 책의 각 장 끝에는 '파워 공식 응용' 코너를 실어 독자의 고유한 경험과 인맥을 재차 강조했다. 이 코너를 통해 자신만의 파워 공식을 만들고 성공적으로 커리어를 발전시키기를 바란다.

Chapter 02

30만 평 프로젝트

보이지 않는 것을 보이게 하는 힘

링크드인 홈페이지를 방문해보자. 링크드인 홈페이지는 자신을 다음과 같이 소개한다. '링크드인은 170개의 산업군과 200개 국가를 대표하는 숙련된 전문가들의 글로벌 네트워크입니다. 링크드인으로 당신의 비즈니스를 도와줄 검증된 전문가를 찾고 성공을 거두십시오.'

실제로 링크드인은 어떻게 작용하는 것일까?

링크드인 홈페이지 상단에 메뉴바가 있다. 여기에서 '연락처(Contacts)' 메뉴를 클릭하고 '인맥 통계(Network Statistics)'라는 하위 메뉴로 들어가보자(그림 2.1 참조). 그러면 화면에는 '당신이 신뢰하는 비즈니스 프로페셔널(Your Network of Trusted Professionals)'이라는 그룹명으로 그동안 네트워크에 등록해 둔 사람들의 명단이 나타난다. 이런 명칭만 봐도 페이스북과 링크드인의 차이를 짐작할 수 있을 것이다.

페이스북은 네트워크에 등록한 사람을 '친구들'이라고 부른다. 그러나 페이스북에서는 가능한 한 많은 사람을 친구로 등록하기 때문에 '친구'라는 단어의 본래 뜻이 희석된다. 링크드인에서는 신뢰하는 사람만을 네트워크로 등록해야 한다. 당신이 정말로 신뢰하는 사람이 어떤 사람인지는 링크드인을 통해 얻고자 하는 바에 따라 전략적으로 결정해야 한다. '신뢰하는'이라는 범위를 넓게 잡을 수도 있고, 전화로 누군가를 소개해 달라고 부탁할 때 바로 들어줄 사람으로 좁게 잡을 수도 있다.

예를 들어 집 근처 야채가게에 갔다가 낯선 사람을 만나 몇 분간 흥미로운 대화를 나눴다고 하자. 그렇다고 해서 집으로 돌아와 그 사람

그림 2.1 자신의 네트워크 통계 현황을 확인하는 곳

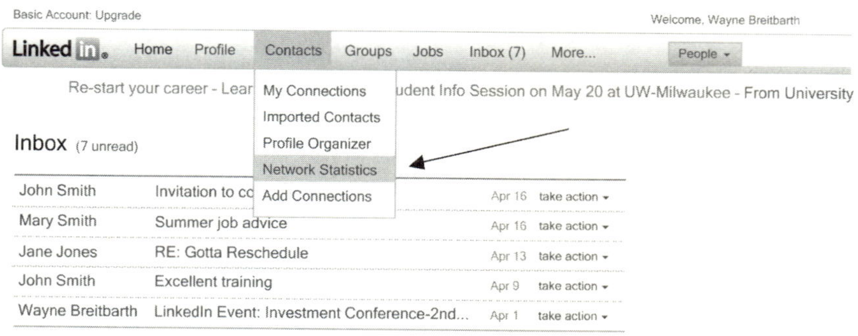

그림 2.2 의지할 만한 전문가와의 네트워크는 소중한 자원이다

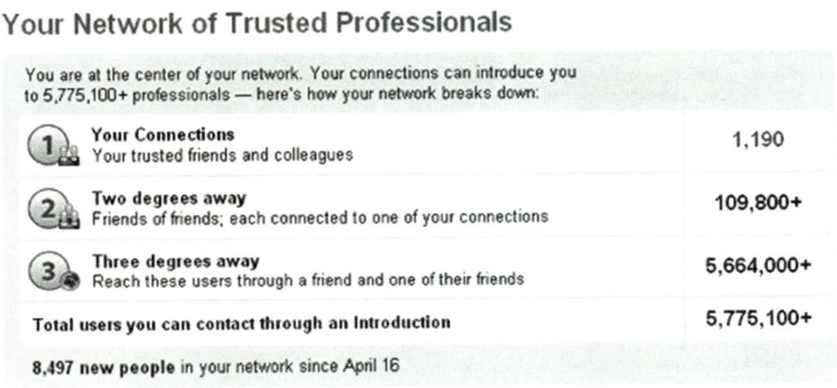

Your Network of Trusted Professionals

You are at the center of your network. Your connections can introduce you to 5,775,100+ professionals — here's how your network breaks down:

1	**Your Connections** Your trusted friends and colleagues	1,190
2	**Two degrees away** Friends of friends; each connected to one of your connections	109,800+
3	**Three degrees away** Reach these users through a friend and one of their friends	5,664,000+
	Total users you can contact through an Introduction	5,775,100+

8,497 new people in your network since April 16

을 링크드인에서 찾아내 '신뢰하는 전문가'로 등록하지는 않을 것이다. 그래서 링크드인을 시작할 때 어떤 기준으로 '신뢰하는 전문가'라고 판단할 것인지를 결정해야 한다. 이와 관련해서는 여러 의견이 있지만 앞에서 언급한 것처럼 제한적으로 판단하는 것이 좋다. 네트워크의 질과 양의 문제에 대해서는 이후에 다시 설명한다.

'인맥 통계' 화면을 다시 보면, 네트워크가 몇 단계로 분류되어 있음을 알 수 있다(그림 2.3 참조). 예전에 케빈 베이컨이라는 사람이 한 이야기를 기억하는가? 그는 우리가 아는 사람을 여섯 단계만 거치면 전 세계 모든 사람과 연결될 수 있다고 말해 화제가 됐다. 링크드인 네트워크는 세 단계로 구분된다. 첫 번째 단계의 사람들은 당신과 1촌으로 맺어진 사이다. 당신은 이들을 사적으로 잘 안다. 이 그룹 사

그림 2.3 링크드인은 확장되는 당신의 네크워크를 한눈에 확인할 수 있게 한다

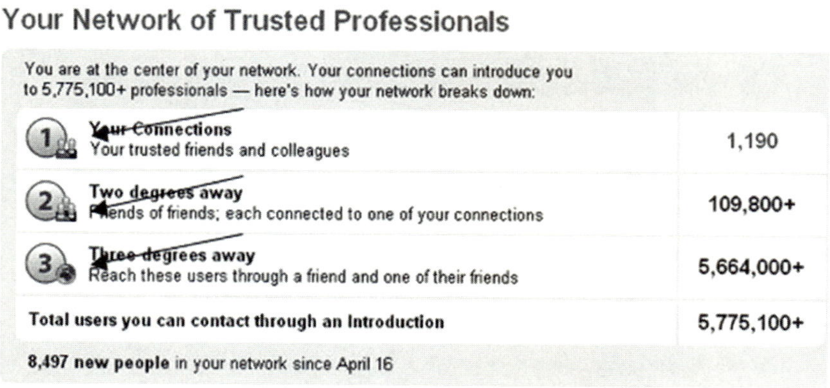

Your Network of Trusted Professionals

You are at the center of your network. Your connections can introduce you to 5,775,100+ professionals — here's how your network breaks down:

1	**Your Connections** Your trusted friends and colleagues	1,190
2	**Two degrees away** Friends of friends; each connected to one of your connections	109,800+
3	**Three degrees away** Reach these users through a friend and one of their friends	5,664,000+
	Total users you can contact through an Introduction	5,775,100+

8,497 new people in your network since April 16

람들은 다른 말로 '당신이 신뢰하는 친구와 동료(Your trusted friends and colleagues)'이다.

1촌 인맥에 있는 사람과 무엇을 할 수 있을지 예를 들어보자. 나에게는 조 스미스란 친구가 있다. 조와 나는 절친한 사이이다. 어렸을 때 같이 공을 차며 놀았고 지금은 비즈니스 파트너이기도 하다. 나는 조를 네트워크에 등록하려고 초대장을 보냈다. 조가 초대를 '수락 (Accept)'하면 따로 나를 검색하지 않아도 자동으로 1촌 등록이 된다. 이제 서로 1촌으로 네트워크에 등록된 것이다.

1촌으로 등록할 사람은 당신이 실제로 오프라인으로도 잘 아는 사이여야 한다. 고등학교나 대학 동창인지, 직장, 동호회 혹은 평소에 마주치는 지인인지는 중요하지 않다. 나는 이러한 인간관계를 '견고

한(flat)' 인맥이라 부른다. 링크드인은 이러한 견고한 인맥을 동적이고 입체적인 인맥으로 변화시켜준다. 당신의 오프라인 인맥을 링크드인 인맥에 등록하면, 인맥 범위는 당신이 등록한 사람들로까지 확대된다. 이렇게 확대된 인맥은 도움을 필요로 할 때 매우 유용한 자산이 된다.

조는 이번에 새로운 빌딩을 건축하기로 했다. 그 건물에는 새로운 사무용 집기가 필요할 것이다. 조는 친한 친구인 나에게 전화를 걸어 제품을 주문할 것이다. 흥미로운 건 이제부터다. 조 인맥에 등록된 사람 중에 밥 앤더슨이 있다. 나는 실제로 이 사람을 만난 적은 없다. 그런데 그가 30만 평 부지에 타운을 조성할 것이라는 소문이 있다. 이 면적에 들어설 건물에는 사무용 집기가 필요하다. 만약 내가 30만 평을 채울 가구 주문을 받게 된다면 그야말로 엄청난 비즈니스가 될 것이다. 나에겐 30만 평 규모 타운에 가구를 공급할 기회가 될 수 있으며, 독자에겐 자신이 희망하던 직장, 전략 파트너, 생산비를 줄일 부품 공급업자, 자선 파티에 초대할 사람 등의 기회일 수 있다.

밥 앤더슨 회사에서 타운을 조성한다는 소식을 접한 나는 링크드인 검색엔진으로 그의 이름과 회사명을 이용해 그를 찾아냈다. 이름 옆에는 '2촌(2nd)'이라는 표시가 보인다. 그가 내가 아는 1촌과 1촌 네트워크로 연결됨을 의미한다. 나는 그가 조와 1촌임을 알지만 두 사람이 어떤 사이인지 몰라 조에게 일단 전화를 걸었다.

나는 조에게 밥 앤더슨을 만나게 해줄 수 있느냐고 물었다. 그 말을 듣자 조는 "물론이지, 밥은 나의 오랜 친구인데 만나보고 싶다면 기꺼이 소개해줄게"라고 흔쾌히 승낙했다. 링크드인 이전에도 사람을 소개해 달라는 부탁은 흔히 해 왔었지만 이번 경우는 링크드인이 아니었다면 조가 밥과 친분 관계인지를 전혀 알 수 없었을 것이다.

여기에는 어떤 의미가 있을까? 링크드인 덕분에 나는 조와 밥이 절친한 사이라는 것을 알게 됐고, 나의 네트워크에 등록된 조를 통해 밥과 연결이 가능했던 것이다.

이번에는 좀더 나아가 3촌 네트워크를 살펴보자. 밥 앤더슨이 질 존스와 1촌으로 연결된 친구라고 하자. 나는 두 사람을 잘 모르지만 질 존스 역시 새로운 타운을 조성하고 있다. 그리고 그 타운도 약 30만 평 규모로 사무용 집기가 필요하다. 링크드인에서 질의 이름과 회사명으로 그를 검색했다. 이제, 아까와 동일한 방식으로 나는 조와 밥을 거쳐 질과 연락이 닿게 되는 것이다.

조 스미스 1촌	→	밥 앤더슨 2촌	→	질 존스 3촌

그림 2.4 네트워크를 확장시켜라

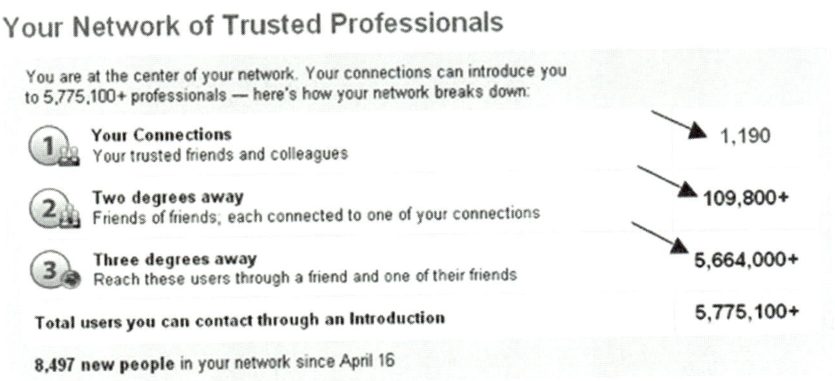

Your Network of Trusted Professionals

You are at the center of your network. Your connections can introduce you to 5,775,100+ professionals — here's how your network breaks down:

1 **Your Connections**
Your trusted friends and colleagues ▲ 1,190

2 **Two degrees away**
Friends of friends; each connected to one of your connections ▲ 109,800+

3 **Three degrees away**
Reach these users through a friend and one of their friends ▲ 5,664,000+

Total users you can contact through an Introduction 5,775,100+

8,497 new people in your network since April 16

그렇다면 링크드인을 통해 이렇게 연결될 수 있는 사람들은 얼마나 될까? 그림 2.4에 나타나 있는 것처럼 내 네트워크에는 1,190명의 조(1촌)와 10만 9,800명의 밥(2촌)과 5천 7백만 명의 질 존스(3촌)가 연결되어 있다. 이렇게 어마어마한 숫자가 모두 사람 수인지 믿기지 않을 정도이다. 이들은 모두 각 분야의 전문가들이다. 실제로 내가 5천 7백만 명이나 되는 사람과 연락을 시도하지 않더라도 이들 중 많은 사람이 앞의 경우와 같이 큰 비즈니스의 기회를 열어준다. 다만 그것이 누가 될지, 어떻게 연락을 취해올지 모를 뿐이다.

기존 방식에 따랐다면 어떻게 되었을까? 만약 내가 밥 앤더슨이나 질 존스에게 비즈니스 제안을 하고 싶다면, 그들에게 직접 전화를 걸거나, e메일을 보내거나, 편지를 썼을 것이다. 그리고 나 이외에 같은 지역의 다른 가구 공급자들도 비슷한 방식으로 그에게 연락을 취했을 것이다. 밥과 질은 그렇게 많은 연락을 받고 "가구 판매업자는 이제 그만!"하고 질색을 했을지도 모른다. 그러나 링크드인 덕분에 나는 그들과의 만남을 주선해줄 친구를 찾았다. 링크드인의 핵심은 여기에 있다. 즉 보이지 않는 인맥의 힘을 보여주는 것이다.

이번에는 반대로 '신뢰하는'의 범위를 확장시킨 경우를 살펴보자.

나는 밥 앤더슨과 그의 회사를 검색하고, 대규모의 비즈니스 기회를 얻을 생각에 매우 흥분됐다. 그래서 나와의 관계가 2촌임을 알게 되자 1촌 친구인 조 스미스에게 소개를 부탁했다. 그런데 조는 "누구요? 밥이라고요?"라고 되물었다.

"밥 앤더슨 말이에요. 링크드인 1촌 사이던데, 잘 모르는 사람인가요?"

"그 사람 잘 모릅니다."

"아, 그래요? 밥과 1촌이길래 잘 아시나 했죠."

만약 이러한 이야기를 계속한다면 나는 핀잔을 주었을지도 모른다. "조, 무슨 인맥 관리를 그렇게 해요? 알지 못하는 사람이 1촌이라니. 설마 당신 인맥 모든 사람이 다 그렇진 않겠죠? 젊은 애들 페이스북처럼."

이러한 이유에서 나는 인맥에 등록할 때는 정말로 잘 알고 신뢰하는 사람만 고려할 것을 권한다. 그래야 당신 인맥에 있는 사람을 도와

줄 수 있기 때문이다. 3촌 관계에 있는 사람과 연락하고 싶다면 당신의 1촌 인맥, 1촌과 2촌 인맥, 2촌 인맥과 3촌 인맥 간의 관계도 동일하게 끈끈해야 한다. 그렇지 않으면 링크드인은 제 기능을 하기 어려워진다.

네트워크를 소재로 한 책이나 블로그에 따르면, 각 분야의 전문가들은 평균 200~250명 정도의 신뢰하는 전문가와 인간관계를 맺는다. 링크드인을 이용하지 않는 사람들은 그런 사람들의 정보를 서랍 속 명함철이나 아웃룩에 보관하고 있을 것이다. 그러나 그런 인맥을 링크드인으로 옮겨오면 200~250명의 1촌 인맥에 멈추는 게 아니라 2촌과 3촌 인맥까지 제공한다. 또한 모든 인맥의 규모는 앞서 언급한 것처럼 엄청나게 확대된다.

이러한 질문을 던져보자. 1촌 인맥이 너무 많은 것이 문제가 될까? 질문을 약간 바꿔, 당신이 신뢰하는 1촌 인맥이 너무 많은 사실이 문제가 될까? 그들이 만약 당신이 실제로 신뢰하고 의지하는 사람이라면 문제될 일이 전혀 없다. 따라서 신뢰하는 전문가로 등록할 때는 신뢰 여부가 첫 번째 기준이다. 그 사람의 직업이나 거주지, 그 밖의 다른 배경을 기준으로 하면 안 된다. 언젠가는 필요로 할 사람, 즉 1촌들이 주말마다 함께 골프를 치는 사람인지 혹은 일요일마다 교회에 나란히 앉는 사람인지 알 수 있어야 하기 때문이다.

인맥의 질과 양의 문제는 수많은 책과 블로그 해설서에서 다루고 있다. 이 문제는 다시 말해 잘 모르는 사람이지만 최대한 많이 인맥을 쌓는 것이 좋은지, 아니면 잘 아는 소수의 사람들로만 인맥을 쌓는 게 좋은지의 문제다. 이 점에 관해서 나는 일관되게 실제로 신뢰하는 사람들만 네트워크에 등록해야 한다고 주장한다. 목적에 따라서는 융통성이 필요할 수도 있다. 예를 들어 채용 담당자는 다양한 배경과 전문분야 관계자를 많이 알수록 유리하다. 실제로 어떤 국제적인 인사 전문가는 4만 명이 넘는 1촌 네트워크를 보유하고 있다. 이러한 경우 '신뢰하는 전문가'의 조건을 넓게 볼 필요가 있다. 결국 자신의 목적에 맞는 전략이 무엇인지 고민해야 한다.

나 역시 '신뢰하는'이라는 조건을 넓게 적용하기도 한다. 전날 술자리에서 만나 즐거운 시간을 보냈다거나, 그 사람과 사업상 지속적으로 연락을 취하고 싶은 경우 바로 다음날 링크드인을 통해 초대장을 보낸다. 그러나 이러한 경우에도 나는 반드시 차를 마신다든지 또는 식사자리를 만들어 관계를 발전시키려고 노력한다. 나는 이 경우를 '관계 형성 중인 1촌'이라 부른다.

앞에서도 언급했듯이 링크드인의 진정한 힘은 눈에 보이지 않는 사람 중에서 인맥을 찾는 것이다. 부디 당신의 견고한 인맥을 동적이고 입체적인 인맥으로 변화시키기 바란다. 어쩌면 30만 평 건물에 사무용 집기를 납품하는 큰 거래가 성사될지 모른다.

파워 공식 응용

- 첫 번째 단계는, 신뢰하는 전문가가 무엇인지 정의하는 것이다. 나는 다음과 같은 정의를 활용하라고 제안한다. 파워 공식의 첫 번째는 가장 중요한 사람을 1촌에 올리는 것이다. 자신만의 인맥을 말이다.

- 누군가를 1촌에 올려야 할지 말아야 할지 분명하지 않을 경우, 경쟁자가 아닌 이상 올리는 편이 좋다.

- 1촌을 한 명 등록할 때마다, 그 사람의 1촌 인맥을 나의 2촌 인맥에, 그 사람의 2촌 인맥을 나의 3촌 인맥에 추가하게 된다. 이 점을 기억해야 한다. 이렇게 확대된 인맥은 나의 인맥을 확대시킨다.

Chapter 03

소고기는 어디에 있을까?

링크드인 프로필 : 기본

링크드인에 가입한 뒤 가장 먼저 할 일은 프로필 작성이다. 가입 후 초기 프로필에는 이름만 입력할 수 있다. 프로필 작성에는 크게 두 가지 의미가 있다. 하나는 다른 사용자가 당신을 검색해서 연락이 오게 하는 것이다. 다른 하나는 자신의 이야기를 자유롭게 펼칠 기회를 얻는 것이다.

한마디로 프로필은 내용이 알차야 한다. 나와 같은 또래의 미국 독자들은 1980년대의 웬디스 햄버거 광고를 기억할 것이다. 이 광고는 매우 재미있어서 유튜브에서도 찾아볼 수 있다. 광고 속의 여자는 커다란 햄버거 빵 사이에 있는 보일듯 말듯한 고기를 보면서 이렇게 말한다. "소고기는 어디에 있을까?"

햄버거 속 고기처럼 프로필 정보가 알차고 풍성해야 하는 이유는 다음과 같다.

1. 링크드인 프로필은 자신의 이야기를 자유롭고 완전하게 풀어놓는 공간이다. 당신의 프로필을 검색한 사람으로 하여금 당신의 경쟁자가 아닌 한 함께 일할 수 있도록 설득하는 공간이다. 당신의 프로필을 방문한 사람은 당신의 경험의 폭과 깊이, 전문성에 대한 추천글, 학력과 자격증 등을 보고 싶어 한다. 이러한 점에서 링크드인 프로필은 '넓은 의미의 이력서'다. 따라서 프로필은 단순한 사실 정보나 날짜 열거에 그쳐서는 안 된다. 링크드인 프로필은 기존 이력서와 달리 자유롭게 자신을 소개하는 기회를 제공한다.

   이야기는 대화하듯 서술형으로 작성하는 것이 좋으며, 당신만의 경험과 전문성을 강조해야 한다. 다시 말해 이 넓은 의미의 이력서는 '이 분야에서 내가 최고!'라고 말해야 한다.

   또한 여기에는 기본적인 신상정보뿐 아니라 사적이면서 상세한 정보도 포함시킬 수 있다. 프로필 방문객에게 당신이 특별한 사람이라는 인상을 남기기 위해서다. 예를 들어 예전에 내 강의를 들으러 온 사람 중에 이러한 경우가 있었다. 그 사람은 사업 제안서를 제출해야 했는데, 상대방의 링크드인 프로필에서 그 사람이 좋아하는 와인이 무엇인지를 알아내 그 와인을 선물했다. 다음 전개는 뻔하지 않은가. 그의 사업제안서가 채택됐다.

2. 프로필에 적힌 모든 단어는 다른 사람이 당신을 검색할 때 키워
   드가 된다. 따라서 많은 내용을 작성할수록 프로필이 검색될 확
   률도 높아진다. 구글 검색을 해보았다면 알겠지만 인터넷으로
   사람을 찾을 때 키워드 선택은 매우 중요하다. 링크드인에는 사
   람 찾기 기능이 있어서 특정한 경험이나 분야, 브랜드와 관련된
   사람을 검색할 수 있다. 검색 확률을 높이기 위해 프로필을 어떻
   게 작성해야 하는지는 나중에 더 자세히 설명한다.

   한번은 나의 회사에서 후원하는 자선행사에 자전거를 탈 수 있
   는 사람이 필요한 적이 있었다. 나는 자전거 타기를 좋아할 뿐 아
   니라 내 비즈니스와 연관성 있는 건설업자를 초대할 수 있다면
   금상첨화라고 생각했다. 그래서 링크드인의 사람 찾기 검색창에
   건설, 건축, 사이클링, 자전거를 입력하고 검색하면서 내가 원하
   는 사람들을 찾아 초대할 수 있었다. 그 사람들의 프로필에 그와
   같은 단어가 포함되어 있지 않았다면 나는 검색으로 그들을 찾
   아낼 수 없었을 것이다. 검색에 관해서는 제10장에서 자세히 다
   룬다.

3. 정보가 알찬 프로필은 다른 한편으로 최신 트렌드에 뒤지지 않
   는 사람임을 말해준다. 나와 같이 베이비붐 세대 사람은 전통을

중요하게 여기면서도 새로운 유행에 민감하다. 비즈니스 세계에서 소셜미디어는 새로운 트렌드로 이미 자리 잡았다. 그러므로 영양가 있고 알차고 풍부한 정보로 가득 채운 프로필은, 당신이 자신의 분야에서 공룡 화석이 아닌 새로운 기술을 받아들이고 유행에 앞서나가는 사람이라는 것을 증명한다.

4. 일단 프로필을 작성한 뒤에도 정기적으로 경쟁자들의 프로필과 비교하고, 새로운 내용을 업데이트해야 한다. 경쟁에서 우위를 차지하고 싶다면 프로필은 많은 정보와 키워드, 당신이 어떤 사람이며 무엇을 성취하고 싶은지, 자신의 분야에서 어떤 기여를 할 수 있는지 상세한 이야기를 담아야 한다.

　링크드인에 익숙해진 사용자들은 사람을 만날 약속에 앞서 사전에 상대방 프로필을 확인한다. 나도 단순히 "사무용가구가 필요하시다고요?"라고 대화를 시작하지 않는다. 그 대신 상대방 프로필을 살펴보고 공통 관심사와 화제거리를 찾는다. 이제는 많은 사람들이 프로필을 통해 자신의 이야기를 전달한다. 잠재 고객, 구직자, 공급업체 등 비즈니스 관계를 맺으려는 사람의 프로필을 방문해서 도움을 얻는다. 오늘날에는 거의 대부분의 회사가 인터넷에 자사의 정보를 올려 홍보한다. 어떤 회사와 곧바로 비즈니스를 진행하지 않고 여러 회사를 비교한 뒤 선택하는 것이다.

그렇기 때문에 바쁘더라도 경쟁자들이 어떻게 프로필을 작성하고 있는지 반드시 확인해야 한다. 그들이 수상 내용을 언급했는지, 인증서 내용을 언급했는지, 비즈니스 정보를 언급했는지, 즉 어떤 내용을 프로필에서 언급했는지를 살펴보면 프로필에 반드시 들어가야 할 내용이 무엇인지 파악하게 된다. 잠재고객은 당신의 프로필에 담긴 정보를 기초로 경쟁자와 비교한다. 그 사람 입장이 되어 경쟁자를 제치고 선택될 수 있도록 알찬 프로필을 작성해야 한다.

프로필에 알찬 내용이 들어가야 하는 이유를 이해했는가? 그렇다면 이번에는 어떤 내용으로 프로필을 채울지 살펴보자. 링크드인 프로필에는 기본적으로 제시되는 항목이 있다. 이들 항목을 모두 채우는 것은 중요한 의미를 갖는다. 내가 숫자에 민감하고 빈칸으로 남겨져 있는 것을 참지 못하는 성격이라서 강조하는 것이 아니다. 링크드인 자체 조사에 따르면 프로필 항목들을 100% 입력한 경우, 그렇지 않은 경우보다 이용 효과가 40배나 높다.

프로필 항목의 비중은 다음과 같다.

프로필 항목의 기준	
이름 및 직위	25%
사진	5%
개요	5%
전문성	5%
학력	15%
경력 1	15%
경력 2	15%
추천 1	5%
추천 2	5%
추천 3	5%
총	100%

프로필을 100% 완성하지 않는 것은 골프장에서 퍼터만 들고 라운딩을 하는 것과 같다. 멋진 시합을 하고 싶다면 누구든 14개의 골프채가 채워진 풀세트를 갖고 경기에 참여하고 싶지 않겠는가? 반드시 링크드인이 제공하는 모든 도구를 활용할 수 있어야 한다. 프로필 작성에 들인 노력의 40배 효과를 거둘 수 있다.

파워 공식 응용

― 자신에 대한 정보로 프로필을 알차게 채우려면 자신 외에는 대신 해줄 사람이 없다. 아무도 당신만큼 자신의 이야기와 삶, 열정, 그 이야기가 당신의 어떤 능력을 어필하는지 알 수 없다. 고유한 경험을 성실하게 풀어낸 프로필은 그 자체만으로도 열정을 보여준다.

― 프로필을 마케팅 전문용어로 채우려 해서는 안 된다. 단순하고 읽기 편한 글이 좋다. 프로필을 보는 사람은 당신이 성취한 내용에 감동 받을 수 있다. 수많은 전문용어를 알고 있다고 해서 반드시 감동 받지는 않는다.

― 과거 경력, 수상 경력 등을 떠올려 경험이 녹아 있는 이야기를 써야 한다. 그러기 위해서는 쓰기 전에 모든 경험을 떠올리고 되짚어야 한다. 일단 작성한 후에도 필요할 때마다 내용을 추가한다.

Chapter 04

5초 만에 훑어보는 범퍼 스티커처럼

링크드인 프로필 : 개인 신상등록 상자

링크드인 프로필 상단에는 개인 신상정보를 입력하는 상자가 있다. 이것은 5초 만에 훑어보는 자동차 범퍼 스티커와 같다. 사람을 처음 만날 때 명함을 건네는 것처럼, 이 상자에는 이름, 헤드라인, 사진, 주소, 업종 등의 기본 정보가 들어간다. 그리고 링크드인에서 활동하면서 알게 된 사람에게 공개된다.

어떤 사람들은 프로필을 자세히 읽지 않고 이 상단의 상자만을 확인하고 지나친다. 그래서 이 상자 속 항목을 작성할 때도 주의가 필요하다. 당신이 '그룹 토론(Discussion in the Groups)'에 참여하거나 '문답창(Answers section)'에 답변을 올리는 등 링크드인에서 활동하면 사람

그림 4.1 강한 인상을 남길 범퍼 스티커(신상정보 상자)를 만들자

John Smith is about to leave on a trip to New Orleans, LA for 4 days, via Tripit.
1 day ago • Comment

RECENTLY CONNECTED

Wayne Breitbarth
RPA, Jane Smith,
3 hours ago

John Smith is now
20 hours ago

Wayne Breitbarth 1st   ✕
President at M&M Office Interiors, where
we have served the office furniture market
for over 50 yrs and Linkedin Trainer
Greater Milwakee Area

Office Furniture Dealership President & Owner (Preferred
Haworth Office Furniture Dealer) at M&M Office Interiors

View profile | Send message | Download vCard

들은 당신의 신상 정보(이때 회사 정보는 나타나지 않는다)를 자연스럽게
보게 된다. 이때 사람들은 빠르게 스쳐 지나가는 자동차 범퍼 스티커
를 보듯 당신의 링크드인 활동 내용을 순식간에 훑어본다(그림 4.1 참
조). 지금부터 상자 속의 각 항목을 하나씩 살펴보자.

이름(Name)

이름 항목에는 전체 이름을 입력한다. 박사학위, MD, CPA와 같이
잘 알려진 공인 전문자격, 보험 관련 전문자격, 간호사 직급 등을 붙
여도 된다. MBA 학위는 생략하는 것이 좋다.

결혼 전 성으로 불리는 여성의 경우 괄호를 이용해 넣기도 한다. 프

로필에는 보이지 않지만 다른 사람이 검색할 때 검색어가 될 수 있게 하는 방법도 있다. 홈페이지 상단 메뉴바에서 '프로필(Profile)'을 클릭하고 '프로필 편집(Profile Edit)' 화면을 연다. 이름 옆 '수정(Edit)' 버튼을 클릭한 후 '이전/결혼 전의 성(Former/Maiden Name)' 란에 해당 정보를 입력하면 된다.

♣ 사진(Photograph)

사진도 매우 중요한 항목이다. 사람들이 프로필을 작성할 때 흔히 빠뜨리는(혹은 생략하는) 항목이지만 숙련된 사람들은 대부분 사진을 업로드한다. 그래서 사진을 보는 사람들이 함께 일을 하고 싶다는 인상을 받을 수 있도록 깔끔한 정장 차림과 환한 표정의 사진을 사용해야 한다. 사진 올리기를 꺼리는 사람들은 보통 베이비붐 세대다. 이들은 자신이 50~60대라는 사실을 인정하기 두려워한다. 그러나 채용 면접을 위해서든, 비즈니스가 성사되어 대금을 지불할 때든, 결국 당신이 20대가 아님을 인정해야 할 날이 온다. 두려워할 필요가 없다.

나는 모임에서 나를 만난 사람이 다음 날 링크드인에서 나의 사진을 보면서 이렇게 생각하길 바란다. "아, 사진을 보니 기억나는군. 이 사람이 그 사람이었지? 가구를 파는 이 대머리 아저씨는 정말 재미있었어." 그렇게 사진을 보고 당신을 기억한 사람이 훗날 빅딜을 안겨다 줄지 모른다.

⁂ 헤드라인(Headline)

헤드라인에는 기본적으로 현재 다니는 회사명과 직위가 들어간다. 이 항목은 최대 120자까지 입력이 가능하다. 여기엔 정확한 어휘로 충분히 표현하는 것이 좋다. 만약 당신의 경험이나 특히 강조하고 싶은 사항이 있다면 헤드라인 옆의 '수정(Edit)' 버튼을 클릭해서 정보를 수정하면 된다.

링크드인을 처음 시작했을 당시 나의 헤드라인은 이랬다. '대표 겸 소유주, M&M 사무실 인테리어. 당신이 꿈꾸는 공간과 경험, 누릴 자격이 있습니다. 링크드인 강사.' 우리 회사의 슬로건은 '당신이 꿈꾸는 공간과 경험. 누릴 자격이 있습니다'였다. 나는 이 문구를 매우 좋아하며 많은 시간과 비용을 들여 만든 것이다. 우리 회사의 브랜드를 잘 표현하기 때문이다. 그러나 이 문구는 가장 중요한 정보, 우리 회사가 가구 판매업체라는 것이 명확히 드러나지 않았다. 그래서 이렇게 수정했다. '대표. M&M 사무실 인테리어. 50년 역사의 사무용가구 판매업체. 링크드인 강사.' 이 표현에는 우리 회사의 슬로건이 들어가지 않지만 회사가 하는 일을 명확히 전달한다. 가정용 제품을 공급하는 다국적기업이 아닌 한 사람들은 당신의 회사가 무슨 일을 하는 회사인지 알지 못한다. 따라서 헤드라인에는 회사가 어떤 사업을 하며 시장에서 어떤 위치에 있는지 언급해야 한다.

직업이 두 개 이상인 경우 모든 직업을 입력하는 것이 좋다. 나는

'M&M 사무실 인테리어' 회사의 대표다. 동시에 링크드인 강사이기도 하므로 이 둘을 모두 헤드라인에 포함했다. 구직자라면 예를 들어 IT 회사의 어느 부문에서 어떤 직위의 일을 구하고 있다는 등 구체적으로 구직 내용을 언급하는 것이 좋다. 헤드라인을 따로 수정하지 않으면 프로필에 입력한 최근의 회사와 직위가 자동으로 표시된다. 하지만 헤드라인은 사람들이 프로필을 자세히 읽어볼지를 결정하게 하는 중요한 부분이므로 표현력 있게 작성하는 것이 좋다.

서술형 외에도 사람들이 주로 헤드라인에 사용하는 방식은 파이프 기호(I)를 이용해 키워드를 구분하는 것이다. 이 기호는 키보드에서 시프트(Shift) 키와 백슬래시(\) 키를 동시에 누르면 나온다. 파이프 기호를 이용하면 한정된 글자 수 내에서 더 많은 키워드를 포함시킬 수 있어 매우 유용하다. 더구나 키워드 검색 시 헤드라인의 단어는 우선 검색 대상이다. 이 방식을 사용해서 내 헤드라인을 다음과 같이 고칠 수 있다.

하워스 사무용가구 딜러십 대표 | 링크드인 강사, 강연, 컨설턴트 & 저술가 | 소셜미디어 컨설턴트

어떤 방식으로든 자신을 설명하는 키워드를 빠뜨리지 않으면서 다른 사람들로 하여금 검색을 유도하는 것이 관건이다. 물론 경쟁자가 생각하지 못한 키워드를 포함시키면 더욱 유리하다.

⚙ 위치 및 업종(Your Location and Industry)

프로필 상단 상자의 마지막 항목은 '위치와 업종'이다. 위치는 가입 시에 입력한 우편번호에 따라 자동으로 지정된다. 업종은 직접 선택해야 한다. 링크드인은 새로운 업종을 계속해서 업데이트하지만 당신의 업종과 정확히 맞아 떨어지지 않을 수도 있다. 내 경우 '사무용 가구 취급'이라는 표현이 있으면 가장 좋겠지만 그렇지 않으므로 대신 '디자인'을 선택했다. 그리고 나중에 '가구'로 바꿨다. 지금도 정기적으로 보다 정확한 업종 명이 업데이트되는지 확인한다. 그러므로 자주 확인하고 수정해야 한다.

요컨대 상단의 상자는 신분을 밝혀주는 역할을 하므로 매우 중요하다. 사진이나 헤드라인 등의 정보가 빠져 있으면 보는 사람이 당신에 관한 정보나 사업을 의심하거나 정확히 이해하지 못할 수 있다. 그런 경우 그 사람은 당신과 경쟁자 중에서 경쟁자를 선택할 가능성이 높다. 지금까지 언급한 내용을 토대로 범퍼 스티커(신상정보 상자)와 링크드인 프로필을 만들자.

파워 공식 응용

- 헤드라인을 작성할 때 중요한 것은 키워드를 빠뜨리지 않으면서 120자 이내로 나만의 경험을 홍보하는 것이다. 몇 개의 초안을 만들어 지인에게 평가를 부탁하는 것도 좋은 방법이다.

- 오래된 사진은 올리지 않는 것이 좋다. 사람들이 사진을 보고 싶어 하는 이유는 당신을 만나기 전 혹은 만난 후에 자신의 기억과 맞추기 위함이다.

Chapter 05

넓은 범위의 이력서

링크드인 프로필 : 경험

링크드인 프로필은 '넓은 의미의 이력서'라고 말했다. 그런데 링크드인 프로필 항목에서 전통적인 이력서의 항목과 가장 유사한 부분이 바로 '경험'이다. 이 항목은 프로필 아래에 있으며 '요약(Summary)' 항목에 내용을 요약해 둘 수도 있다. 나는 대학 졸업 후의 모든 경력을 여기에 포함시켰다(그림 5.1 참조).

이 항목에 어떤 경력 정보를 넣을지 고민될 때는 다음 기준을 적용하자.

1. 이 내용을 프로필에 넣으면 나에 대한 소개와 전문성을 어필하는 데 도움이 될까?

2. 이 내용을 프로필에 넣으면 나의 검색 확률이 높아질까?

3. 이 내용을 프로필에 넣지 않으면, 비슷한 내용을 프로필에 넣은
   다른 경쟁자들에 비해 불리할까?

Current	
	• Office Furniture Dealership President & Owner (Preferred Haworth Office Furniture Dealer) at M&M Office Interiors [Edit]
	• Founder & Linkedin Trainer at Power Formula [Edit]
	• Board Member & Volunteer Instructor at Make A Difference-Wisconsin [Edit]
	• Board Member at The Community Warehouse [Edit]
	• Volunteer High School Mentor at Urban Promise Lunch Club [Edit]
	see less...
	✚ Add Current Position
Past	• Volunteer Youth Leader at Eastbrook Church
	• Executive Vice President at Russ Darrow Automotive Group
	• Vice President at Heiser Automotive Group
	• Manager Small Business Division at Arthur Andersen & Co
	see less...

위의 세 질문에 모두 긍정적으로 대답한 경우는 경력 정보를 프로
필에 넣는 것이 좋다.

경험 항목에는 과거에 경험해온 모든 정보를 입력한다. 각각의 사
항에 대해서도 직위, 성과, 경험 등을 자세히 설명하는 것이 좋다. 각
각의 과정에서 수상 경력이 있다면 반드시 포함시킨다. 그리고 키워
드를 다양하게 사용해야 한다. 만약 다양한 분야에서의 경험자를 찾

는 사람이 있다면, 하나의 프로필에 다양한 키워드가 들어가야 우선적으로 검색될 것이다.

이 항목은 공을 들여 작성해야 하는데 많은 사람들이 이를 간과한다. 이 항목이 프로필 입력 시 하단에 있기 때문이기도 하지만 귀찮다고 다음 항목으로 성급히 넘어가기 때문이기도 하다. 독자들은 이러한 실수를 범하지 않길 바란다. 잠재고객이나 채용 담당자가 당신의 경력 정보에서 어느 것에 관심을 둘지 모른다. 프로필에서 특정한 키워드가 반복적으로 쓰이는 경우도 우선 검색될 수 있다.

나는 봉사활동 경험까지 모두 기록했다. 이러한 정보를 본 사람들은 내가 지역사회에 관심이 많다는 것을 알게 된다. 사람들은 일반적으로 다른 사람을 배려하는 사람과 함께 일하고 싶어 한다. 그래서 봉사활동 경력은 나에게 유리하게 작용한다. 한편으로는 상대를 직접 만나기도 전에 감동을 줄 수도 있다. 구직자라면 봉사활동이나 여가 활동 정보도 빠뜨리지 말아야 한다. 이제 막 대학을 졸업한 경우라면 실제적인 경력이 있을 수 없다. 그러므로 어떤 조직의 어느 부서에 속해, 어떻게 리더십을 발휘하고, 또 지역사회에 어떤 공헌을 했는지 구체적으로 입력해야 한다.

자신의 모든 경력을 빠뜨리지 않고 입력하면 또 다른 이점이 있다. 추천 받을 기회가 늘어나는 것이다. 추천글은 그 사람에 대한 일반적인 평가가 아니다. 그 사람이 입력한 개별 정보, 학력, 경력 등에 대해

쓰게 되어 있다. 따라서 입력한 항목 수가 많으면 회사 동료, 교수, 이전 회사의 상사, 고객으로부터 더 많은 추천을 받을 수 있다.

경험 항목에 해당하지는 않지만 이번 장에서 같이 언급해야 할 것이 있다. 프로필에는 '기술(skills)', '저서(literature)', '자격증(certification)', '특허(patent)', '구사할 수 있는 외국어(language)' 항목을 선택적으로 추가할 수 있다. 이러한 항목을 추가하면 경험을 보다 풍부하게 설명할 수 있다. 경험 항목은 링크드인 프로필이 넓은 의미에서 이력서 역할을 한다는 점에서 매우 중요하다. 충분히 고려해서 다양한 경험을 상세하게 기술하는 것이 좋다. 이 항목에 알찬 정보를 채우면 전문성을 보다 분명하게 어필할 수 있고, 더 많은 키워드로 활용될 것이다.

파워 공식 응용

- 프로필 정보는 나만의 경험을 온전히 전달하는 데 초점을 맞춰야 한다. 따라서 경력 정보를 입력할 때는 그 경력이 자신만의 경력이라 여기고 경험, 성과, 보상, 권한 등의 내용을 상세하게 포함해 알차게 작성해야 한다.

- 프로필의 모양새를 고려해서 경우에 따라서는 일부 내용을 생략하거나 축약할 수 있다. 하지만 프로필을 방문한 사람이 어떤 정보에 관심을 가질지 알 수 없기 때문에 중요한 키워드는 빠뜨리지 않아야 한다.

Chapter 06

다른 사람에게 도움을 준 적이 있는가?

링크드인 프로필 : 추천

'추천(Recommendation)'은 다음의 이유에서 독특하고도 중요한 역할을 한다.

1. 추천을 받은 횟수는 프로필 상단의 상자 및 검색결과 명단에서 눈에 잘 띄게 강조되어 표시된다.
2. 추천을 많이 받을수록 링크드인 사람 찾기에서 우선 검색된다.
3. 다른 프로필 항목과 달리 제3자가 글을 올리기 때문에 객관적이라는 인상을 준다.
4. 추천글에 포함된 단어 역시 그 사람의 검색어가 된다.

따라서 추천을 받는 것은 필수다. 추천을 받으려면 시간과 노력을 들여야 한다. 구직자라면 특히 이 항목을 가볍게 여기지 말아야 한다. 추천을 잘 이용하면 자신의 전문성을 효과적으로 어필하고 구직에 도움이 된다. 추천을 부탁하기가 망설여진다면 스스로에게 이렇게 물어라. "나는 다른 사람에게 도움을 준 적이 없는가?"

다른 분야의 전문가들과 마찬가지로 당신도 자신의 분야에서, 또는 업무에서 명성과 신뢰를 쌓기 위해 노력했을 것이다. 분명 다른 사람에게 도움이 된 적이 있을 것이다. 추천을 받는 것은 그런 사실을 기록으로 남기는 것이다. 또한 다른 사람으로 하여금 당신이 어떤 사람이며 어떤 가치가 있는지를 보여주고, 새로운 비즈니스 기회를 포착하기 위함이다.

프로필에 링크드인 추천을 해주고자 하는 사람은 링크드인 계정이 있어야 한다. 따라서 당신을 추천하려고 기꺼이 링크드인에 가입하려는 사람이 있다면 링크드인이 어떤 사이트이며 프로필은 어떻게 작성하고, 추천은 어떻게 하는지 설명해줘야 한다. 추천을 부탁하는 것은 결코 쉬운 일이 아니다. 그러나 나는 이것을 일종의 보드게임 젠가에 비유하곤 한다.

젠가는 나무토막으로 탑을 쌓아 올린 다음 아래에서 하나씩 토막을 빼내 계속 탑 위에 올리는 게임이다. 프로필의 각 항목들은 젠가의 나무토막과 같다. 몇 개가 빠져 기우뚱한 탑이 되면 어떻게 될까? 당신이 링크드인에 쏟아 부은 노력이 제 빛을 발하지 못할 수도 있다. 링크드인 게임에서 승자가 되려면 나무토막을 빠뜨리지 말고 100% 준비해야 한다.

👥 추천은 얼마나 받아야 할까?

각 항목에 입력된 정보에 대해 2개 내지 3개의 추천을 받으면 적당하다. 사회 초년생이나 구직자라면 비영리기관이나 교육기관에서 추천을 받는 것도 의미가 있다. 추천 받은 횟수는 프로필 상단에 강조되어 표시된다. 사람들은 일반적으로 추천을 많이 받은 사람을 더 신뢰한다. 단, 추천도 양보다는 질이 중요하다.

나는 200개 이상의 추천을 받은 사람을 본 적도 있다. 추천은 가능하면 많이 받을수록 좋지만 이것은 너무 많다고 생각한다. 당신에 대해 사람들이 관심과 흥미를 가질 정도면 족하다.

👥 나의 추천이 무엇을 말해주어야 하는가?

추천은 구체적이면서 전략적이어야 한다. 그리고 추천자는 해당 분야에서 영향력 있는 사람이라면 더욱 좋다. 추천글을 써주고자 하는 사람이 있다면 그 사람에게 자신이 이룬 성과와 기술, 공헌, 주요 키워드를 요약해 보내주는 것이 좋다. 추천은 하고 싶지만 상세한 내용을 기억하지 못하는 사람도 많기 때문이다. 이 방법은 작성자의 시간을 절약해주고, 보다 효과적으로 글 작성을 돕는다.

다음 예문은 나의 강의를 들었던 사람이 쓴 추천글이다.

웨인은 UWM 평생교육원에서 링크드인 강의를 한다. 그가 알려준 정보는 실용적이고 현실적이어서 정말 도움이 되었다. 강의를 듣고 난 후 나는 내 프로필 업데이트에 그가 알려준 방법을 적용했다. 그는 희망자에 한해 e메일로 추가적으로 비결을 알려주는데, 이 또한 나에게 매우 유용했다. 오늘은 연락처와 프로필을 단 몇 분 만에 업데이트하는 방법을 e메일로 알려줬다. 게다가 웨인은 사람들이 링크드인을 효과적인 도구로 활용할 수 있도록 하는 일에 매우 열성적이다.

그래서 나는 워싱턴카운티의 소셜미디어 사용법에 관한 워크숍 발표자로 그를 초대하기로 했다. 웨인은 소셜미디어 관련 강의에서만이 아니라 평소에도 사람 돕기를 좋아한다. 실제로 그는 사람들에게 사무용가구를 제대로 고르는 법을 가르쳐주기도 하고, 봉사기관에서 자원봉사 활동도 한다.

마지막으로 그에게 이 말을 해주고 싶다. "당신의 열정과 노하우를 전수해줘서 고마워요!"

⚛ 추천글이 왜 중요할까?

　추천을 받는다는 것의 장점은 우선 프로필 항목을 100% 채울 수 있다는 점이다. 그리고 프로필 항목 중에서 유일하게 제3자가 작성한다. 인터넷의 정보가 흔히 그렇듯 자신이 작성한 정보는 검증하기 어렵다. 그래서 작성자 외에는 진위 여부를 확인하기가 쉽지 않다. 그런데 추천글은 작성자가 아닌 다른 사람이 입력한 정보이므로 중요할 수밖에 없다. 게다가 내가 만난 경영자들에 따르면 사람을 채용할 때, 그 사람의 능력을 판단하는 데 있어서 추천이 큰 영향을 미친다고 강조했다.

　또한 추천을 받게 되면 추천자의 프로필에 당신의 이름과 추천 받은 사실이 표시된다. 다른 사람의 프로필에 자신의 정보가 올라가는 것을 상상해보라. 게다가 그 사람이 관련 분야에서 영향력 있는 사람이라면 어떻겠는가?

⚛ 추천을 받는 요령

　추천을 받고 싶지만 다음과 같은 문제와 마주칠 수도 있다. "누구에게 추천을 받지? 추천글을 써주는 일을 좋아하는 사람이 있을까? 게다가 이전 상사는 이직을 해서 연락처도 모르는데." 그러나 꼭 직속 상사만이 추천해줄 수 있는 것은 아니다. 가까운 고객이나 직장 동료도 당신의 경험과 업무 태도를 추천할 수 있다.

앞서 언급한 것처럼 경력 외에 학력 사항에 있어서도 추천을 받을 수 있다. 사회 초년생이나 아직 졸업하지 않은 학생이라면 더더욱 그렇다. 교수들 대부분은 자신이 인정하는 학생이 좋은 회사에 취직할 수 있도록 돕는 것을 일종의 특권으로 여긴다. 그러므로 교수의 추천을 적극 활용하기 바란다.

반대로 다른 사람에게 추천글을 써주는 것이 본인이 추천 받는 방법이 되기도 한다. 링크드인은 누군가에게 추천글을 써주면 추천을 받은 사람에게 자동으로 상대에게도 추천글을 작성해줄 수 있느냐고 묻는 메시지가 온다. 그러나 단순히 친분 때문에 추천하는 것은 도움이 되지 않는다. 그런 경우 "이 사람은 정말 괜찮은 사람입니다"라는 말 외에 딱히 언급할 내용이 없다. 따라서 추천글을 부탁할 때는 구체적인 필요에 맞게 받아야 한다. 그러므로 상대에게 전략적인 추천글을 써주겠노라고 말하는 것이 좋다.

추천글은 최종적으로 올리기 전에 작성자에게 수정 및 검토를 요청하는 것이 가능하다. 이 기능을 통해 글의 내용을 수정하거나 덧붙이는 등 필요한 키워드를 삽입할 수 있다. 당신에게 추천글을 작성해줄 정도의 사람이라면 유용한 내용의 글 수정에도 동의해줄 것이다.

마지막으로 추천과 관련한 요령이 있다. 즉 월요일 오전을 기분 좋게 보내고 싶다면 주말에 다른 사람을 위해 추천글을 써주는 것이다. 그렇게 되면 분명 월요일 아침에 당신은 e메일이나 전화, 쪽지 등으로 감사의 메시지를 받게 될 것이다. "금쪽같은 주말 시간에 이런 글을 써주시다니 감동입니다"라는 메시지 말이다. 이것은 당신이 자신감을 갖고 새로운 한 주를 시작할 수 있게 해준다. 이 방식을 잊지 말고 활용하기 바란다. 당신의 링크드인 인맥에는 추천이 필요한 사람들이 널려 있지 않은가? 다음과 같은 질문으로 이 장을 마무리한다.

"경쟁자가 당신보다 더 많은 추천을 받았다면 기분이 어떨까? 당신의 잠재고객들은 경쟁자가 받은 추천글을 보면서 어떻게 생각할까?"

파워 공식 응용

- 당신만의 인맥에 포함된 사람들은 분명 당신만의 경험을 부각시킬 수 있는 추천글을 써주려 할 것이다. 그러니 기다리지만 말고 먼저 부탁하라.

- 추천글은 당신만의 경험을 더욱 강조한다. 그러므로 추천 항목을 무시하지 말고 항목을 채우는 일에 최선을 다하라. 분명 많은 도움을 줄 것이다.

- 경쟁자들로부터 당신을 차별화 하는 데에는 잘 쓰여진 추천글이 당연히 효과적이다.

- 추천을 받으면 글을 쓴 사람의 이름과 회사가 기록된다. 그것만으로도 당신만의 경험이 부각된다. 또한 그 사람의 프로필에 당신의 이름이 올라가므로 두 배의 효과를 거둘 수 있다.

Chapter 07

하이퍼링크 백분 활용하기

링크드인 프로필 : 상자 상단의 추가 항목

링크드인 프로필 상단에는 파란 선으로 그려진 추가 항목 상자가 있다. 이 상자에 들어가는 마지막 항목을 살펴보자.

학력(Education)

'학력' 항목에는 당신이 받은 모든 교육사항을 입력한다. 고등학교, 대학교, 그 외에도 당신의 업무와 기술과 관련된 모든 교육과정을 넣는다. 이렇게 꼼꼼히 입력하면 급히 인맥을 넓혀야 할 순간에 도움이 된다. 이에 대해서는 나중에 더 자세히 다루겠다.

링크드인은 자신이 다닌 학교나 교육기관을 매개로 사람을 찾을 수 있도록 해준다. 고교 시절의 정보가 과연 필요한지 질문을 하는 사람이 많은데, 나는 "당신을 검색하는 사람의 입장이 되어보세요"라고 답한다. 학력 사항을 자세히 입력해 두면 또 다른 장점도 있다. 사람들은 일반적으로 고교든 대학이든 동창들과 함께 일하는 것을 편하게 받아들인다. 어떤 사람이 당신을 경쟁자와 비교하고 있을지 모른다. 그 순간 학연이 도움이 될 수 있다.

학교나 교육과정을 입력한 후 각각의 아래에 부가적인 설명을 상세히 하는 것이 좋다. 예를 들어 어느 교육과정 이수에 필요했던 자격이라든가 취득한 자격증, 학교에서 수강한 과목, 인턴십이나 사외이사 활동, 유학이나 교환학생 경험 등을 기입한다. 단지 학위를 취득하는 것 이상으로 어떤 노력을 했는지 보여주는 것이 좋다.

그림 7.1 학위 과정이 아니더라도 그동안 받은 교육과정을 전부 입력한다

Add Education

Country: United States

State: Wisconsin

School Name: Other...

Tip: If you can't find your school, please select "Other..."

Type School Name:

Degree:

Field(s) of Study:

Examples: English, Physics, Economics

그럴 경우 프로필이 보다 신뢰를 얻게 된다. 또한 업무와 밀접한 과목이나 워크숍, 세미나에 참여한 적이 있다면 그것 또한 기입하라. 전문성에 믿음을 줄 수 있는 정보는 프로필에 무조건 추가하는 것이 좋다(그림 7.1 참조). 학력 정보를 성실하게 기입하면 추천 받을 기회도 많아진다.

웹사이트(Website)

상자에는 '웹사이트'라는 항목이 있는데, 여기에 당신이 속한 회사의 웹사이트 주소를 링크로 연결할 수 있다. 대부분 '나의 회사(My Company)'라는 이름으로 자신의 회사 사이트 하나만 달랑 링크한다.

그림 7.2 단순히 프로필을 읽는 것에 그치지 않고 웹사이트를 방문하게 만들자

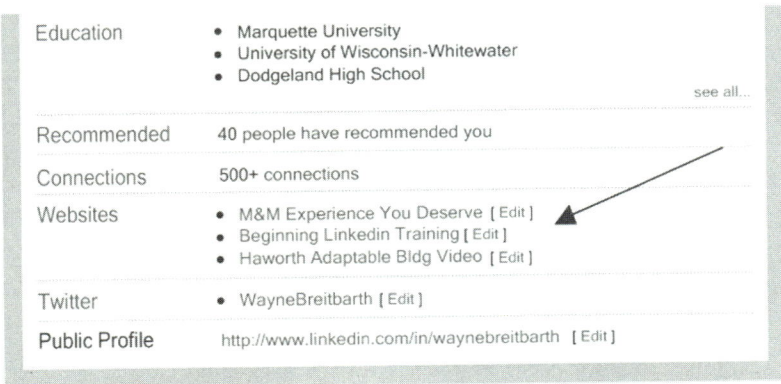

회사 사이트는 필수 정보지만 여기서 그쳐서는 안 된다. 이 항목을 보다 효과적인 홍보 창구로 활용해야 한다. 이 항목을 활용하면 프로필을 방문한 사람에게 당신이 선택한 외부 사이트를 방문하도록 유도할 수 있다. 최대 3개의 사이트를 연결할 수 있으므로 e메일링 서비스를 신청할 수 있는 사이트나 유튜브 동영상, 페이스북이나 블로그 등의 소셜미디어 주소를 알리는 기회로 활용하면 좋다.

　이 항목은 당신의 관심사가 무엇인지를 보여주는 데에도 유용하다. 뿐만 아니라 관련된 기관이나 후원회 등의 홍보도 가능하다. 이 항목은 얼마든지 융통성 있게 활용할 수 있다. 다만 자신의 링크드인 프로필 주소는 링크하지 말자. 당신의 프로필로 연결된 링크가 많이 클릭될수록 구글이나 빙(Bing) 등의 검색엔진에서 당신의 링크드인 프로

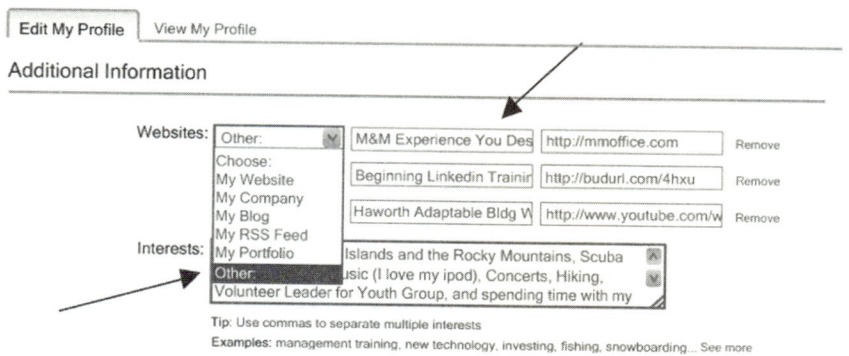

그림 7.3 웹사이트를 독창적으로 소개해서 사람들의 방문을 유도한다

필이 우선적으로 검색될 것이기 때문이다.

또한 웹사이트를 링크한 뒤에는 이에 대해 간략하게 설명해 두는 것이 좋다. 대부분의 사람은 '나의 회사(My Company)', '나의 블로그(My Blog)'와 같이 기본 설정된 제목을 그대로 사용한다. 하지만 링크드인 주소를 26자 이내로 기입하는 란이 있으므로 이를 활용한다. 소개 제목을 수정하고 싶으면 화살표를 클릭한 다음 선택 항목에서 '기타(Other)'를 선택해 내용을 입력하면 된다(그림 7.3 참조).

⛭ 공개 프로필(Public Profile) URL

링크드인에 가입하면 자동으로 가입자의 프로필 URL이 생성된다. 그림 7.4에서 볼 수 있듯이 당신의 프로필에 그러한 URL이 표시된다. 그러나 이 URL은 이름과 임의의 숫자로 구성되므로 보다 쉽게 기억할 수 있는 주소로 수정하는 것이 좋다. URL 옆의 '수정(Edit)' 버튼을 클릭하면 www.linkedin.com/in/ 후반부를 수정할 수 있다. 자신의 이름을 사용할 수 있으면 가장 좋지만(그림 7.5 참조), 이름은 중복되어 사용 중일 확률이 높다. 이 경우 중간 이름의 이니셜이나 숫자를 붙여 만들자. 실제 이름에 가까울수록 이력서나 레터헤드, 명함을 받은 사람이 프로필 주소를 쉽게 기억하고 방문하기도 쉽다. 이 경우에도 링크드인 프로필은 '넓은 의미의 이력서' 역할을 한다.

초기 상태 프로필의 모든 항목은 공개로 설정된다. 다시 말해 구글

그림 7.4 공개 프로필은 숫자와 캐릭터를 포함한다

Education	• University of Wisconsin-Madison - School of Business
Connections	1 connection
Public Profile	http://www.linkedin.com/pub/dave-johnson/8/216/119

등으로 검색해서 당신의 링크드인 프로필을 방문하면 모든 내용을 읽을 수 있다. 따라서 프로필 항목 중에서 어느 것은 일반인에게, 또 다른 어느 것은 링크드인 사용자에게 공개할지를 생각하고 재설정하는 것이 좋다. 구글 등으로 링크드인 정보를 검색하면 자신의 프로필이 제일 앞에 검색된다. 이러한 식으로 프로필을 확인해보라. 이때 공개되는 정보가 링크드인에 접속해서 볼 수 있는 정보와 동일할 필요는 없다. 예를 들어 구글 등을 통해 방문한 사람에게는 사진 등을 비공개로 설정할 수 있다.

나는 사업상의 이유 때문에 링크드인의 접속자나 일반인에게 공개되는 정보를 구별할 필요가 없었다. 프로필을 업무적인 정보로만 작성했다면 그렇게 해도 된다.

내가 일반에 공개하지 않은 정보는 집주소와 전화번호, 생년월일, 가족 이름 같은 것이다. 이러한 정보는 링크드인 프로필 작성 화면 가장 아래에 있는데, 아예 처음부터 입력하지 않았다. 이러한 정보를 입

그림 7.5 프로필 URL을 수정해서 기억하기 쉽게 하면 마케팅과 브랜딩에 활용할 수 있다

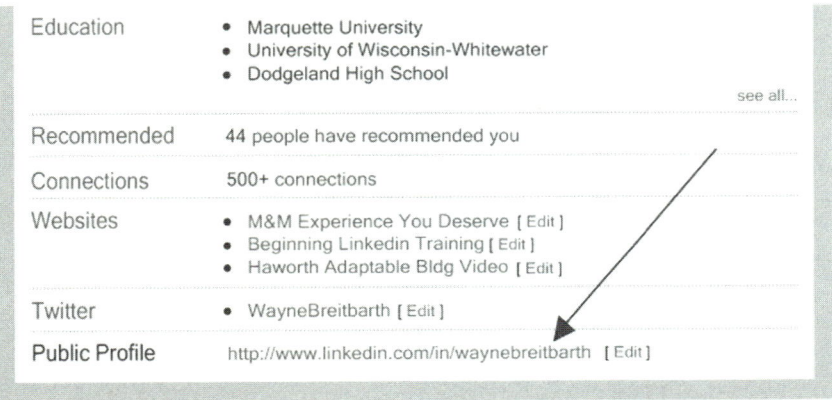

력하고 공개 여부를 선택하는 것은 자신의 몫이다.

　프로필 상단 상자에 들어가는 내용은 당신에 대한 신뢰와 링크드인 프로필 활용에 중요한 영향을 미친다. 따라서 항목 입력란이 프로필 편집 화면의 하단에 있다 해도 성실하게 작성해야 한다. 때로는 이러한 정보가 큰 기회를 가져다준다.

파워 공식 응용

－ 학력 항목을 입력할 때는 사소해 보이는 정보라도 빼놓지 않고 입력한다. 모두 당신만의 경험을 보여주는 중요한 정보이기 때문이다. 학력이나 경력 항목은 사항별로 자세한 내용을 적을 수 있도록 최대 2,000자까지 가능하다. 여기에 링크드인을 통해 이루고자 하는 목적에 맞게 필요한 키워드를 포함해 기입하면 된다.

－ 웹사이트 항목도 당신만의 경험을 보여주는 역할을 한다. 지금 다니는 회사의 웹사이트를 첫 번째로 링크해 둔다. 그런 다음 고객, 회사 연혁, 사업 내용 등을 요약해 놓으면 좋다.

－ 정규 교육과정이 아니더라도 업무와 관련된 워크숍, 자격증, 훈련 과정 등도 경험을 보여주는 좋은 정보다. 시간이 좀 걸리더라도 경쟁자에게 없는 세세한 정보도 입력하라. 만약 경쟁자가 그런 정보들을 입력했다면 더욱 빠뜨리지 말아야 한다.

Chapter 08

바로 이 사람이야

링크드인 프로필 :
요약 및 전문분야 작성법

프로필 상단에 있는 상자 바로 아래를 보면 '요약'과 '전문분야' 항목이 있다. 나는 수백 개의 프로필을 분석하면서 이 두 항목이 충분히 활용되고 있지 않다는 점을 발견했다. 그러나 이 두 항목을 잘 활용하면 프로필을 방문한 사람들에게 당신이라는 브랜드를 더욱 강력히 어필할 수 있다. 이 항목에 포함된 키워드는 사람들에게 기억되었다가 나중에 당신을 검색할 때 활용된다.

요약(Summary)

이 항목은 일종의 커버레터라고 생각하면 된다. 내용도 커버레터처럼 작성하면 된다. 당신이 다른 곳에 기입한 정보를 특별히 강조하거나 정리가 필요할 때 이 항목을 활용할 수 있다.

요약 항목은 최대 2,000자까지 입력할 수 있다. 가능한 한 허용된 글자 수를 모두 활용하길 바란다. 이 항목은 1인칭 시점에서 서술형으로 작성하는 것이 가장 좋다. 프로필을 읽는 사람이 당신과 직접 대화하는 것처럼 느끼게 된다. 그러나 프로필에 입력된 모든 정보를 이 항목에서 일일이 언급할 필요는 없다. 경험 등의 항목에서 각 건별로 최대 2,000자까지 자유 기술란을 제공한다. 그러므로 여기에서는 특별히 강조하거나 요약이 필요한 부분만 언급한다.

첫 문단은 업무와 관련해서 성취하고 싶은 것, 찾고 있는 고객 등 프로필을 읽는 사람이 당신과의 연관성을 찾을 수 있게 해야 한다. 다시 말해 요약 첫머리를 읽고 "아, 이 사람에 대해 자세히 읽어 봐야겠다"라는 생각이 들어야 한다.

구직자라면 먼저 자신이 갖고 있는 지식이나 기술을 적용할 수 있는 분야나 직업이 어떤 것인지 밝히면 된다. 그 다음에 그렇게 생각하는 이유를 경험에 비춰 서술한다. 이전 회사에서 비용을 절감했다거나 생산성을 높인 사례를 기입하면 더욱더 좋다. 경험 항목에서 서술한 성과도 강조한다. 때때로 프로필 상단의 상자나 요약 항목만 읽고 프로필 내용은 자세히 읽지 않는 경우도 있으므로 강조할 필요가 있다. 이직을 희망하는 사람은 어느 분야로 옮기고 싶은지와 그 이유를 밝혀야 한다.

요약 항목에 포함되는 일반적인 내용은 다음과 같다. 필요에 따라 선택적으로 적용할 수 있다.

- 경험했던 직업 유형에 대한 간략한 요약.
- 구체적인 성과나 성취에 대한 양과 질을 동시에 강조.
- 링크드인 추천은 받았지만 그 사람으로부터 추천글을 받지 못한 경우에는 증명서나 다른 추천글에서 발췌.
- 취미나 관심사 등의 정보와 함께, 일할 사람 혹은 비즈니스 파트너가 좋아할 것이라고 생각하는 이유.
- 프로필을 읽는 사람이 당신의 성과에 대한 정보를 얻을 수 있는 완료된 프로젝트나 수상 등의 경력.
- 과거 경험이 앞으로의 경력에 어떻게 도움이 될지에 대한 요약.
- 좋은 성과로 이어진 비즈니스 사례에 대한 설명.
- 프로필을 보는 사람에게 당신의 계획이 기여할 수 있는 부분 또는 진출하고픈 새로운 시장.

요약 작성의 예
다음의 예문은 위의 사항을 포함해서 작성한 나의 요약글이다.

저는 'M&M 사무용가구 인테리어'의 대표이자 소유주입니다. 'M&M 사무용가구 인테리어'는 사무용가구, 사무실 바닥, 이동식 벽, 카펫, 내부 디자인, 공간 설계, 프로젝트 관리를 비롯해 배달 및 설치를 포함한 종합 솔루션을 제공합니다. 또한 미국 남동부 위스콘신 주에 위치한 하워스 사에 사무용가구 및 건물 인테리어 제품을 독점 납품하는 업체입니다.

위 웹사이트 항목의 '하워스 조립식 건물 소개 동영상'을 클릭하면 안내 영상을 보실 수 있습니다. 우리 회사는 약 50년의 경험을 자랑하는 사무용가구 업체이며 위스콘신 주에서 가장 큰 1만 평방피트 이상의 사무용가구 전시장을 보유하고 있습니다. 페월키 라운디 서클 웨스트 가 100번지에 위치하고 있는 저희 쇼룸을 방문하시면 최적의 환경에서 제품을 직접 확인하실 수 있습니다.

***

또한 저는 비즈니스 소셜네트워킹 플랫폼인 '링크드인'의 열정적인 강사이기도 합니다. 저는 '링크드인 초보자를 위한 파워 공식 강의(LinkedIn Power Formula Training for Beginners)' 및 '링크드인 중급자를 위한 파워 공식 강의(Intermediate LinkedIn

Power Formula Training)'라는 두 가지 강의에서 수천 명의 해당 분야 전문가들을 대상으로 링크드인 활용법을 강의하고 있습니다. 위에 링크된 주소에 가시면 초보자를 위한 파워 공식 강의 일정을 확인할 수 있습니다.

저는 링크드인 활용 요령을 매주 무료로 수천 명의 e메일링 신청자에게 보내드리기도 합니다. 강의에 참석하기 어려운 분들을 위해 강의별 90분짜리 DVD를 제공하고 있으며, 구매를 희망하신다면 제 연락처로 문의하시면 됩니다. 아래의 샘플 슬라이드 항목을 참고하면 실제 강의 및 DVD 녹화 강의의 일부 내용이 담긴 홍보 동영상을 보실 수 있습니다.

위와 같이 글을 몇 개의 내용으로 구분하고 싶을 때는 밑줄, 별표, 점선 등을 이용하면 된다. 중요한 것은 글을 읽는 사람이 주제별로 알아볼 수 있게 하는 것이다. 그리고 당신의 어머니가 글을 보고 "이건 우리 아들의 이야기인데!"라고 할 정도라면 아주 잘 쓰여진 글이다.

요약 항목은 프로필에 대한 커버레터 역할을 한다. 따라서 장황한 설명(2,000자까지만 허용)이나 어려운 용어는 가급적 피하고 이해하기 쉽도록 작성해야 한다. 동시에 당신을 대표하는 중요한 키워드를 빠뜨리지 말아야 하며, 경험과 성과가 분명히 드러나야 한다.

⚘ 전문분야(Specialties)

요약 항목 아래에는 '전문분야(Specialties)'라는 항목이 있다. 이 항목에는 당신을 설명하는 키워드로 창고를 채운다고 생각하면 된다. 나는 거래처, 고객 유형 그리고 나를 검색하는 데 필요한 키워드 등을 모두 떠올리고 이 항목을 채웠다. 요약 항목에 쓰인 단어와 중복되어도 괜찮다. 하나의 프로필에 특정한 단어가 여러 번 반복되면 그 단어를 키워드로 검색할 때 우선 검색된다. 회사 설명서나 웹사이트, 명함상의 정보는 링크드인에서 자신이 설명한 키워드와 링크드인이 아닌 다른 매체에서도 동일해야 한다.

전문분야 항목 작성의 예

다음 예문은 내가 작성한 전문분야 내용이다. 혹시 내 이름이 잘못 입력되더라도 효과적으로 검색되도록 하기 위해 전문분야를 다양하게 나열했다.

'M&M 사무용가구 인테리어'는 하워스, 미국 사무용가구, OFS, 라카스, 혼, 파올리를 포함해 200개 이상의 가구 제조업체의 유통을 맡고 있습니다. 제가 깊이 관여하는 분야는 다음

과 같습니다 : 링크드인, 네트워킹, 소셜미디어, 사업 개발. 주요 키워드는 : 사무용가구, 하워스, 인테리어 디자인, 위스콘신, 밀워키, 링크드인, 기독교, 회계사, 공인회계사, 인테리어, 가구, 바닥재, 이동식 벽, 소셜미디어, 강사, 교사, 컨설턴트, 브레이트바르트, 링크드인 파워 공식 등입니다.

회사 경영자라면 직원들 프로필에 회사의 비즈니스 항목, 연혁, 성과 등을 동일하게 표현하도록 지시할 필요가 있다. 링크드인에서 한 회사에 대한 키워드와 정보는 서로 일치해야 한다.

또한 경쟁자가 요약 및 전문분야 항목을 어떻게 작성하고 있는지 확인하는 것도 중요하다. 이러한 과정을 통해 회사를 차별화할 표현을 찾을 수 있다. 링크드인을 돌아다니다 보면 어떤 시장도 1인이나 1개 업체가 독점하고 있지 않다는 것을 알 수 있다. 그러므로 경쟁자 프로필을 통해 필요한 부분을 배우고 개선하는 것이 중요하다. 이러한 부분이 링크드인의 또 다른 매력이다.

끝으로 요약 및 전문분야를 포함해 모든 항목 작성에 유의해야 할 점이 있다. 우리는 프로필에 성과와 경험을 기입할 때 자연스럽게 과장하는 경향이 있다. 이를 피하려면 자신이 왜 해당 분야에서 뛰어난지, 왜 자신을 선택해야 하는지를 다른 사람에게 묻고 조언을 구하면 된다. 동시에 경쟁자가 솔직하게만 작성하지 않을 것을 고려해 자신을 충분히 어필하는 것도 필요하다.

파워 공식 응용

- 요약 항목 작성은 '이야기를 서술한다'는 생각으로 작성하면 좋다. 이 항목은 프로필 항목 중에서 몇 개 되지 않는 자유기술 항목이므로 자신만의 경험을 이야기식으로 풀어 쓰면 더욱 효과적이다.

- 브로슈어, 웹사이트, 보고서 등을 검토해 자신을 표현하는 키워드를 찾는다. 그렇게 찾은 키워드는 전문분야 항목에 모두 입력한다. 특정 지역이나 특정 분야에서 독보적인 위치에 있거나, 다른 사람과의 차별성이 있는 부분은 당신이라는 브랜드를 구성하는 요소다. 따라서 요약 항목에서 반드시 언급해야 한다.

- 당신을 쉽게 찾을 수 있도록 전문분야를 다양하게 나열한다.

Chapter 09

당신의 가치를 보여줘라

필수 애플리케이션과 도구 활용법

지금까지 프로필 항목 작성법을 살펴봤다. 프로필 작성에 있어 가장 중요한 것은 프로필을 읽는 사람에게 당신의 전문성에 대한 믿음을 주는 것이다. 프로필과 링크드인 활동을 통해 당신이 그저 그런 사람이 아니라 전문가임을 보여줘야 한다. 이번 장은 프로필을 보다 다채롭고 독특하게 만들어줄 '애플리케이션'과 또 다른 '도구'인 '문답(LinkedIn Answers)' 등 전문 지식과 경험을 나타낼 방법을 소개한다.

2008년 후반부터 링크드인에는 더 다양한 정보를 담기 위해 프로필 기본 항목 외에 다양한 애플리케이션과 기능이 추가됐다. 수많은 애플리케이션이 있지만 여기에서는 전문성을 보여줄 대표주자를 소개한다.

1. 문서함(Box.net files)
2. 구글 프레젠테이션(Google Presentation) 또는 슬라이드셰어
   (SlideShare)
3. 책 소개(Reading List)
4. 행사 일정 관리(Events)

애플리케이션을 설치하려면 먼저 홈페이지 상단에 있는 메뉴바 중
에서 '추가기능(More)'을 클릭한다. 그런 다음 하위 메뉴인 '애플리케
이션 추가(Get More Application)'로 들어간다. 그 후 원하는 애플리케
이션을 선택해 설치하면 프로필에 추가된다.

📇 문서함(Box.net files)

이 애플리케이션을 이용해 프로필에 PDF, 엑셀, 워드 파일을 업로
드 및 다운로드할 수 있다. 문서함으로 자신이 작성한 보고서, 기사,
회사 설명서, 사업계획서, 제품 사진, 고객 후기, 그밖에 전문성을 증
명할 자료를 올릴 수 있다(그림 9.1 참조). 구직자라면 이력서나 외부에
서 받은 추천서 등을 첨부하면 된다.
이 애플리케이션을 유용하게 이용한 사례를 살펴보자. 나는 이 애
플리케이션 항목을 '사무실 이전 시 점검 목록'이라고 수정했다. 그리
고 행사나 모임에서 마침 사무실을 이전하려는 사람을 만나면 사업

이야기를 짧게 마치고 명함을 건네며 이렇게 말한다.

"제 링크드인 프로필을 방문해보세요. '문서함' 폴더에 들어
가면 사무실을 이전할 때 도움이 되는 자료가 있습니다. 직원
들에게 보여주면 마음에 들어할 겁니다."

이러한 식으로 나의 전문성을 보여줌과 동시에 상대방에게 진심으
로 돕고 싶다는 의중을 표현한다. 그 사람이 집으로 돌아가 자료를 보
았다고 가정하자.

그는 이렇게 생각할 것이다. "웨인이란 사람은 처음 만난 자리에서
부터 새로운 가치를 만들어내는군. 언젠가 사무실을 옮길 때 가구를

그림 9.1 문서함은 유용한 정보를 업로드하고 신뢰를 높이는 데 활용한다

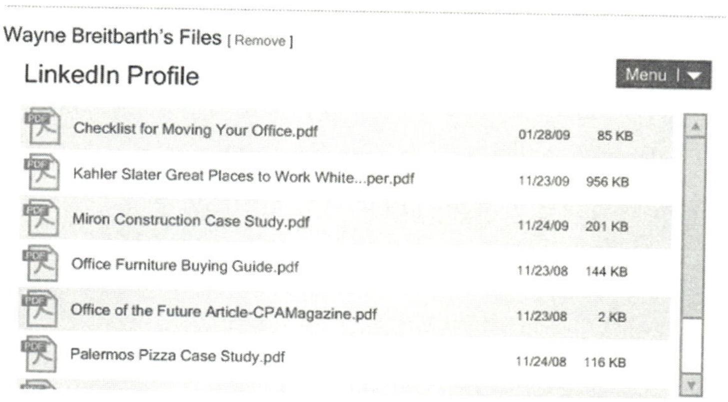

주문해도 좋겠어.” 링크드인은 누군가 자신의 파일을 다운로드 받은 여부를 알려준다. 그러므로 나는 잠재고객이 생긴 것을 알고 지속적으로 관리할 수 있다.

⁂ 구글 프레젠테이션 또는 슬라이드셰어
(Google Presentation 또는 SlideShare)

이 애플리케이션은 회사 소개나 사진 등 전문성을 보여주는 프레젠테이션 자료를 업로드 및 다운로드할 수 있게 해준다. 요즘엔 동영상이 포함된 프레젠테이션도 많다. 그런 파일의 경우는 ‘유튜브 다운로더(YouTube Downloader)’를 같이 첨부한다(회사 홍보 동영상 등은 프로필

그림 9.2 파워포인트 자료를 업로드하여 전문성을 보여준다

SlideShare Presentations [Remove]

Adaptable Solutions from Haworth
1 year ago

Workplace Trends Presentation
2 months ago

View all your presentations
Most viewed presentations on LinkedIn

상단에 있는 상자의 웹사이트 항목에서 링크를 걸어둘 수도 있다).

⁂ 책 소개(Reading List)

링크드인 회원들 중에는 다독가가 많다. 꼭 독서광이 아니더라도 책이 대화의 주제가 될 때가 많다. 이 애플리케이션은 당신이 읽은 책을 소개함으로써 프로필을 다채롭게 하고, 당신의 관심사와 지식의 깊이를 보여준다(그림 9.3 참조). 이 애플리케이션을 활용해서 읽은 책에 대해 평론가처럼 책 표지와 후기, 별점 등을 올릴 수 있다. 이렇게 업로드한 책을 다른 사람이 읽게 되면, 그들과 직접 만날 때 공유할 화제가 생긴다.

이 애플리케이션에 새 글을 올릴 때마다 1촌 인맥 사람들에게 소식이 업데이트된다. 따라서 1촌과 새로운 정보의 공유가 가능할 뿐 아니라 당신의 이름을 그들에게 상기시킬 수 있다. 당신을 잠시 잊고 지냈던 사람들이 당신을 다시 떠올리고 '사무용가구가 필요한데'라고 생각하는 것이다.

프로필에는 이 애플리케이션에 올린 글 중에서 최신 글 2개만 노출된다. 전체 글을 보려면 '전체 보기(through)' 버튼을 클릭하면 된다. 이 애플리케이션을 마케팅에 효과적으로 이용하고 싶다면 프로필에 노출되는 2개의 글 중에서 하나는 전문분야 도서로, 다른 하나는 사적인 관심 분야 도서로 올리는 것이 좋다. 실제로 강의를 하다 보면

그림 9.3 읽은 책의 후기를 올려 나의 관심사를 다른 사람과 공유할 수 있다

Reading List by Amazon [Remove]
ReadingList

A Million Miles in a Thousand Years: What I Learned While Editing My Life
by Donald Miller
See this book on Amazon >
Wayne has read this book

 Recommended

Comment: "If you liked Blue Like Jazz, you will love this. If you haven't read Blue Like Jazz you should but..."
Read more >

Me 2.0: Build a Powerful Brand to Achieve Career Success
by Dan Schawbel
See this book on Amazon >

사람들이 내가 올린 책 이야기를 꺼낼 때가 많다. 내가 업로드한 책에 관심을 갖는다는 뜻이다. 따라서 이 애플리케이션은 공통 화제를 제공해 사람들과 개인적으로 가까워질 기회를 만든다.

독자 여러분도 이 책《링크드인》에 대해 멋진 후기를 작성해서 프로필에 올리기 바란다. 서평 쓰는 좋은 연습이 되지 않겠는가? 이러한 후기를 일반인과 공유하고 싶다면 아마존 웹사이트 고객 후기란에 올려도 된다.

⚴ 행사일정 관리(Events)

이 애플리케이션은 사람들과 인맥을 쌓는 데 상당히 쓸모있는 도구다. 안타까운 것은 사람들이 아직 이를 전략적으로 활용하지 못한다는 점이다. 이 애플리케이션을 이용하면 구직자는 구직에 도움이 될 행사나 만나보고 싶은 사람이 참석하는 행사 일정을 알 수 있다. 이 애플리케이션에 당신이 참석하고 싶은 행사 정보를 올리면 다음과 같이 이용할 수 있다.

1. 내가 맺고 있는 인맥에게 해당 행사를 홍보한다.

그림 9.4 행사일정 관리 애플리케이션을 이용해 다른 사람에게 동반 참석을 권유할 수 있다

Events [Remove]

APR 19 Crossroads Career Network LinkedIn Training for Job Seekers
Mon. April 19 to Mon. April 19, 2010
Hales Corners Lutheran Church, Hales Corners, WI, US
10 attending | I'm presenting

APR 21 LinkedIn Power Formula for Beginners
Wed. April 21 to Wed. April 21, 2010
M&M Office Interiors Boardroom, Pewaukee, WI, US
1 attending | I'm presenting

APR 26 CARW Lunch & Learn: DEVELOPMENT
Mon. April 26 to Mon. April 26, 2010
CARW Conference Room, Milwaukee, WI, US
2 attending | I'm presenting

See all Wayne's events >

2. 다른 사람이 행사의 내용, 광고, 문구를 통해 그 행사를 검색할 수 있다.

3. RSVP 기능으로 참석자의 명단을 볼 수 있다.

4. 1촌들에게 업데이트 소식이 전해지므로 자신을 홍보할 기회가 된다.

5. 출장이나 여행 중에 참석할 만한 지역 행사를 검색할 수 있다.

지금까지 살펴본 것 이외에도 유용한 애플리케이션은 상당히 많으므로 자신에게 맞게 활용한다. 프로필을 다채롭게 해주고 외관도 보기 좋게 만들 수 있다.

지금까지 링크드인의 기본 설정된 항목 순으로 프로필 작성법을 설명했다. 또한 각각의 프로필 항목과 애플리케이션 순서는 임의로 변경할 수 있다. 때론 프로필의 첫 부분만 읽고 지나가는 사람도 있으므로 중요한 항목 순으로 재배치하는 것이 좋다.

예를 들어 당신이 올린 PDF 파일이나 파워포인트 파일이 당신을 가장 잘 표현한다고 생각되면 그것을 가장 위에 배치하면 된다. 또는 학생이라서 특별한 경력이 없다면 학력 항목을 요약이나 전문분야 항목보다 위에 배치해도 된다. 프로필 각 항목의 왼쪽을 보면 십자 모양 화살표(Arrow Cluster)가 있는데, 이것을 클릭해 원하는 위치에 끌어다 놓으면 위치가 변경된다(그림 9.5 참조).

그림 9.5 프로필 항목을 전략적으로 배치한다

✦ Recommended By   ✚ Get Recommended

Office Furniture Dealership President & Owner (Preferred Haworth Office Furniture Dealer) at M&M Office Interiors

22 visible recommendations, 2 new recommendations for this position: [Edit]

"I just returned from one of Wayne's LinkedIn classes, and have to say he is the LinkedIn master. For starters, he really knows the in's and out's of how to get the most out of all LinkedIn's tools for each person. I've been on LinkedIn since 2005, and I learned many new functions from him. But most important, he explains the WHY and STRATEGY behind using LinkedIn to truly be effective. Finally, it really doesn't hurt that Wayne is an incredibly talented and entertaining presenter. If you haven't seen him yet, you need to!" *June 29, 2010*

⁂ 문답(LinkedIn Answers)

문답은 지식과 경험을 적극적으로 표현하는 공간이다. 이 메뉴를 활용하려면 애플리케이션을 다운 받을 때와 마찬가지로 홈페이지 상단에 있는 '추가 기능(More)' 메뉴를 클릭한 다음, 하위 메뉴 중에서 '문답(Answers)'으로 들어간다.

사람들은 이곳에 전문적이거나 지역적인 지식 등의 경험이 필요한 질문을 올려 도움을 청한다. 이때 당신의 지식과 경험을 바탕으로 올라온 질문에 답을 줄 수 있다. 화면 오른쪽에는 '한눈에 보기(Browse)' 메뉴가 있다. 그 아래 주제별로 분류된 표가 있고, 화면 왼쪽에는 질문을 직접 검색할 수 있는 검색창이 있다. 링크드인 회원들과 적극적으로 피드백을 주고받아 자신의 전문성이나 봉사활동 등을 보여줄 수 있다.

반대로 필요한 정보나 조언을 구할 수도 있다. 여기에 질문을 올리면 자동으로 당신의 네트워크에 있는 사람들에게 메시지가 전달된다. 공개적으로 대답하기 부담스러운 사람들은 개인적으로 답변한다. 질문할 때 질문을 전달받을 사람들의 업종을 정할 수도 있다. 예를 들어 이자율에 관한 질문을 올릴 때, 은행업 관계자에게만 메시지가 전달되도록 선택이 가능하다. 일반 회원에게 질문할 때도 지역이나 주제를 정해서 질문을 올릴 수 있다. 그렇지 않을 경우에는 전 세계 모든 업종의 일반 회원들로부터 대답을 듣게 될 것이다.

이 메뉴를 효율적으로 활용하기 위해서 자신의 전문분야와 주제를 정해두는 것이 좋다. 그렇게 활동 영역을 지정하면 사람들은 당신의 전문성을 신뢰하게 된다. 그리고 활발한 활동으로 당신이 그저 그런 사람이 아니라 신뢰할 수 있는 분야의 전문가임을 보여줄 수 있다.

파워 공식 응용

– 고유 경험의 전달에는 파워포인트 프레젠테이션이나 동영상이 매
우 효과적이다.

– 문서함(Box.net files)이나 구글 프레젠테이션 또는 슬라이드셰어
(Google Presentation 또는 SlideShare)를 이용해 고객의 서평 등 후기를
업로드하면 효과적으로 당신만의 경험과 인맥이 노출된다.

– 책 소개(Reading List)에서는 전문서적을 읽고 전문가적인 의견을
올리면 사람들이 당신의 전문성을 확인하는 데 도움이 된다.

– 행사일정 관리(Events)에 관심 있는 행사를 등록하면 사람들이 그
행사에 참여할지 여부를 표시할 수 있다. 이러한 정보는 다시 RSVP 명
단으로 자동 정리된다. 이는 당신만의 인맥을 보여주는 쇼케이스 역할
도 한다.

Chapter 10

찾고 싶은 사람이 누구인가?

사람 찾기 기능 사용법

링크드인 사용자는 크게 두 부류로 나눌 수 있다. 지금까지는 첫 번째 부류인 '사람들에게 검색되고자 하는 사람'을 위한 설명이었다. 자신을 잘 표현하는 키워드와 설명으로 프로필을 알차게 꾸며 다른 사람들에게 잘 검색되도록 하는 것이다. 이번 장부터는 두 번째 부류인 자신이 찾고자 하는 사람을 찾는 방법을 설명한다. 링크드인은 잠재 고객뿐 아니라 다음과 같은 사람을 찾는 데에도 유용하다.

- 새로운 전략적 공급업자 및 공급자의 인맥
- 당신이 관여하는 비영리활동이나 자선행사, 프로젝트를 함께 하고 싶은 사람

- 새로 채용할 사람
- 특정 분야의 전문가
- 사교 내지 사업상 모임에 초대할 사람
- 특정 지역에 출장 갔을 때 만나보고 싶은 사람
- 초대하고 싶은 강연자
- 참여하고 싶은 강연이나 행사의 주최자

키워드, 지역, 직위, 회사명 등의 검색 조건으로 사람을 검색할 수 있다. 따라서 중요한 것은 '누구를 찾고 싶은지'를 정확히 인지하는 것이다. 그런 후 찾고 싶은 사람이 프로필에 포함시켰을 만한 키워드를 생각한다. 상대가 프로필을 성실하게 작성했다면 그를 대표할 수 있는 키워드가 분명히 프로필에 있을 것이다.

링크드인 회원수는 이미 1억 명이 넘었다. 검색 조건을 입력하고 검색 버튼을 누르는 것은 전 세계를 상대로 가장 거대한 이력서 데이터베이스를 검색하는 셈이 된다. 그리고 회원이 늘어날수록 링크드인은 더욱 유용하게 사용된다. 그렇다면 실제로 어떻게 유용한지 살펴보자.

나는 늘 나의 잠재고객이 프로필에 포함시켰을 키워드를 생각한다. 또한 내가 만나는 고객의 지위가 대기업의 설비 팀장이라든가 설비팀의 관리자라는 것을 생각하면 적어도 내 잠재고객들의 프로필에는 '설비'라는 키워드가 포함될 것으로 추정한다. 홈페이지 상단의 메뉴

그림 10.1 사람 찾기 기능은 검색창 옆의 '상세검색'을 활용한다

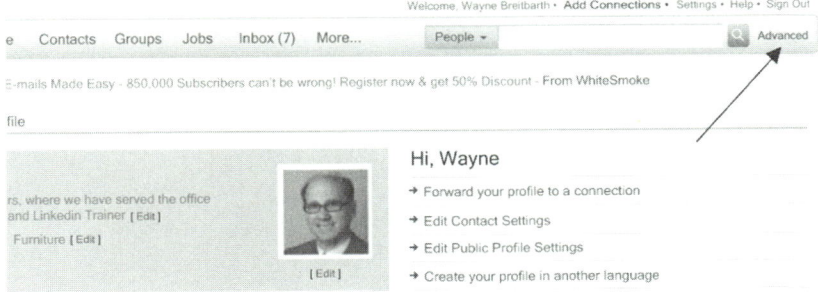

바 오른쪽 끝에는 검색창이 있고, 검색창 옆에 있는 '상세검색 (Advanced)' 버튼을 클릭하면 검색창이 확대된다(그림 10.1 참조). 이 검색창에 '설비'를 입력하고 하단의 파란색 검색 버튼을 클릭한다. 그러면 검색엔진이 링크드인의 모든 회원을 대상으로 검색 조건에 해당하는 사람들을 검색한다. 검색 결과에는 7만 5,818명이 나타난다.

이렇게 검색된 사람들은 링크드인 회원들 중에서 프로필에 설비라는 단어가 포함된 사람들이다(그림 10.2 참조). 그러나 7만 5,818명이나되는 사람들의 프로필을 일일이 검토할 수는 없다. 게다가 내 비즈니스 지역도 전 세계가 아니다. 나는 다시 상세검색 화면으로 돌아가 내 주소로부터 반경 80km 이내라는 검색 조건을 추가한다. 이번에는 764명으로 결과가 좁혀졌다(그림 10.3 참조). 이 사람들은 이제 내가 관리할 수 있는 규모와 지역에 있는 사람들이다. 이러한 식으로 나는 나

그림 10.2 검색 조건을 정해야만 현실적으로 검색 결과를 활용할 수 있다

그림 10.3 더 많은 검색 조건을 추가하면 검색 범위를 좁힐 수 있다

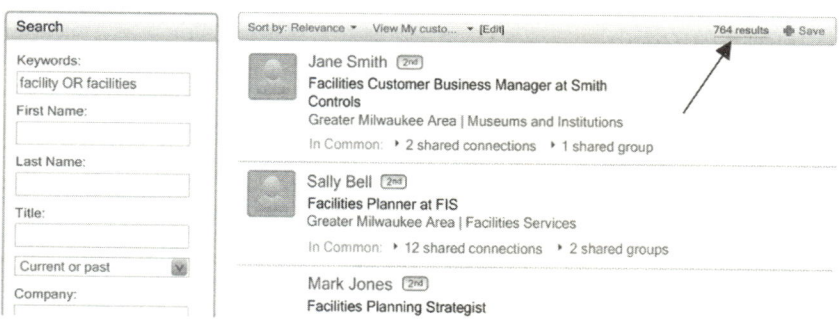

에게 의미 있는 사람들의 명단을 얻었다.

사람들의 프로필을 상세히 읽어보기 전에 검색 조건을 정교하게 정해야 한다. 예를 들어 프로필에 설비라는 단어가 들어간 사람 중에서

그림 10.4 상세 검색을 이용해 보다 정확한 검색 결과를 얻을 수 있다

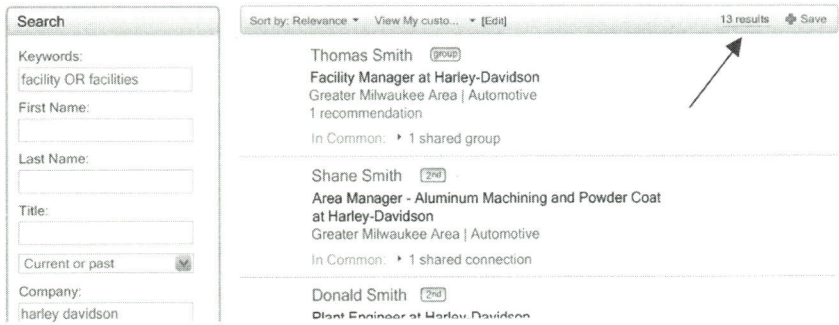

도 특정 회사의 직원을 찾고 싶을 때는 어떻게 해야 할까? 나의 시장 구역에서 활발하게 사업하는 대기업 중에 할리데이비슨이라는 회사가 있다. 회사 검색 조건에 할리데이비슨을 추가하고, 검색 버튼을 누르면 검색 결과는 13명으로 좁혀진다(그림 10.4 참조). 이는 이제 내 주소에서 반경 80km 이내에 있으면서, 프로필에 '설비' 단어를 포함하는 할리데이비슨 직원 명단이다.

링크드인에서 사람을 찾고자 할 때는 상세검색을 이용하면 좋다. 이렇게 해서 링크드인의 방대한 데이터베이스에서 자신에게 실질적으로 도움이 될 수 있는 소수의 사람을 추려낸다. 그렇다면 링크드인 사람 찾기는 인맥 규모와 관계가 있을까? 한번은 이렇게 하소연하는 사람을 만났다. "당신의 강연을 들었지만 아무리 검색해도 링크드인

으로 사람을 찾으면 결과에 '아무도 없음'이라고만 나오네요." 그 불평을 들은 나는 "인맥에 몇 명이 등록되어 있습니까?"라고 물었다. 그는 "35명이나 되지요"라고 대답했다. 안타깝게도 이것은 작은 물고기 잡는 그물로 대어를 낚으려는 것과 같다.

나는 낚시를 좋아한다. 위스콘신 주의 낚시광들의 한결 같은 바람은 머스키(머스커런지Muskellunge를 일컫는다. 강늉치고기의 일종인 큰 포식 어류)를 잡는 것이다. 한번은 나도 아내와 이 고기를 잡아보려고 배 허리에 그물을 걸어놓고 기다린 적이 있다. 그리고 뱃전이 흔들린다 싶으면 잡혔구나 하는 기대에 부풀었다. 그러나 커다란 트로피만한 고기를 잡으려면 그에 걸맞은 사이즈의 그물을 준비해야 한다. 링크드인에서 머스키를 잡고 싶은 사람은 그에 걸맞게 넓은 네트워크가 필요하다. 유효한 검색 결과를 얻는 데 필요한 사람 수는 정해져 있지 않다. 그러나 최소한 50~70명의 '신뢰하는 전문가'를 확보해야 의미 있는 검색 결과를 얻을 수 있다.

이러한 경우를 생각해보자. 나의 경쟁자도 밀워키 지역의 할리데이 비슨 직원 중에서 프로필에 '설비'라는 단어를 포함한 사람을 찾고 싶어 한다. 그런데 그의 1촌 네트워크는 총 35명이다. 나의 1촌 인맥은 1,190명이다. 같은 검색 조건으로 나는 겨우 13명을 찾아낼 수 있었다. 그 사람은 과연 몇 명을 찾아냈을까?

링크드인은 사람 찾기에 관해서는 성실히 인맥을 넓히고 공고히 해온 사람에게 확실하게 보상한다. 그리고 다시 사람들이 1촌 인맥을 넓히는 데 노력하도록 자극한다. 이 책 서두에서도 강조했듯이 인맥을 꾸준히 확대하는 노력은 반드시 보상을 받는다. 즉 당신이 1촌 한 사람을 추가하면 할리데이비슨의 설비팀에서 일하는 2촌 또는 3촌 인맥을 쌓을 수 있다. 그러나 어떤 경우에도 인맥의 질, 즉 당신이 신뢰하는 전문가인지의 여부가 핵심이다. 단순히 인맥을 넓히는 것만은 의미가 없다.

⚙ 검색 조건의 저장(Saved Searches)

일단 유의미한 검색 결과를 얻은 경우 그 결과를 저장할 수도 있다. 이것도 매우 유용한 기능인데 아직 충분히 활용되지 않는다. 검색 결과창 오른쪽 상단을 보면 '저장하기(Save)' 버튼이 있다. 이 버튼을 클릭하면 검색 결과와 검색 조건이 저장된다. 뿐만 아니라 네트워크 수준별, 업종별로도 동일한 검색 조건으로 검색된 결과를 매주 또는 매달 업데이트하여 e메일로 받을 수 있다. 단 링크드인 무료 사용자는 3건으로 제한된다.

이 기능의 위대함을 아직 느끼지 못했다면 검색 조건을 저장하는 기능의 활용성을 모르는 것이다. 이 기능은 당신에게 필요한 사람을 끊임없이 자동으로 검색해서 업데이트해준다. 더구나 무료다. 새로운 검색 결과를 통보 받으면 그 사람과 링크드인 상으로 연락하고 직접 전화를 걸어 만날 수 있다. 이러한 지속적인 업데이트를 통해 늘

최신의 정보로 무장한 사람이 되는 것이다.

나는 반년마다 링크드인 회원을 대상으로 설문조사를 한다. 조사 결과에 따르면 링크드인의 최대 강점으로 꼽히는 기능은 항상 '상세 사람 찾기(Advanced People Search)' 기능이다. 사람을 찾는 것은 결국 돈을 찾는 것과 같다. 따라서 링크드인에서 사람을 찾고, 그것이 성과로 이어졌다면 이는 링크드인의 공이다. 일단 인맥 규모가 머스키를 잡을 만한 정도가 되고, 사람 찾기 기능을 효과적으로 활용한다면 링크드인에 들인 시간과 노력의 몇 곱절을 되돌려 받게 된다. 그리고 당신이 찾고 싶은 사람이 누구이며, 그 사람을 찾는 데 필요한 키워드가 무엇인지 정확히 파악해 그 사람을 통해 인맥을 확대해 나간다면 머스키는 결국 당신의 차지가 될 것이다.

파워 공식 응용

— 자신만의 인맥을 꾸준히 쌓아온 사람이 링크드인 검색에서 승리한다.

— 조사에 따르면, 1촌 인맥 1명이 늘어날 때마다 2촌 인맥은 평균 100명이 늘어나고, 3촌 인맥은 1,700명이 늘어난다. 당신만의 인맥을 계속 쌓아간다는 것은 이러한 의미다.

— 검색 조건 저장 기능을 활용하면 잠을 자거나 휴가를 떠나고 친구들과 시간을 보내는 동안에도 링크드인이 항상 인맥을 발굴한다.

Chapter 11

내가 찾아낸 사람을 어떻게 할 것인가?

찾아낸 사람과 연락하는 방법

앞에서 '사람 찾기(People Search)' 기능으로 밀워키 지역의 할리데이비슨 직원 중에서, 프로필에 '설비'라는 단어를 포함한 13명의 사람을 검색했다. 그림 11.1은 이 사람들의 명단이다. 나는 이들의 프로필을 하나씩 읽고 내가 찾는 사람이 정말 맞는지 확인한다. 그리고 이들을 실제로 만나기로 결정했다. 이제 이 사람들에게 기존의 방식, 즉 직접 전화를 하거나 e메일을 보낸다고 하면 최소한 이름은 부를 수 있을 것이다. 그러나 이러한 방식은 성공적이지 않다. 그러므로 그들의 프로필에서 나의 인맥과 연결이 되어 있는지 다시 확인한다(그림 11.2 참조).

그림 11.1 프로필을 검토한 후 실제로 만나고 싶은 사람을 정한다

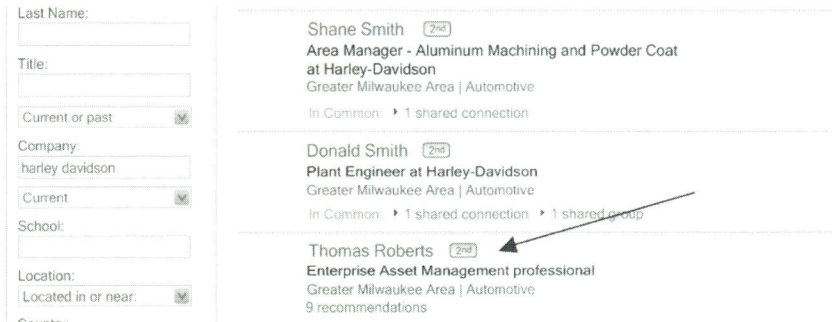

그림 11.2 링크드인을 이용하면 보이지 않는 것을 볼 수 있다

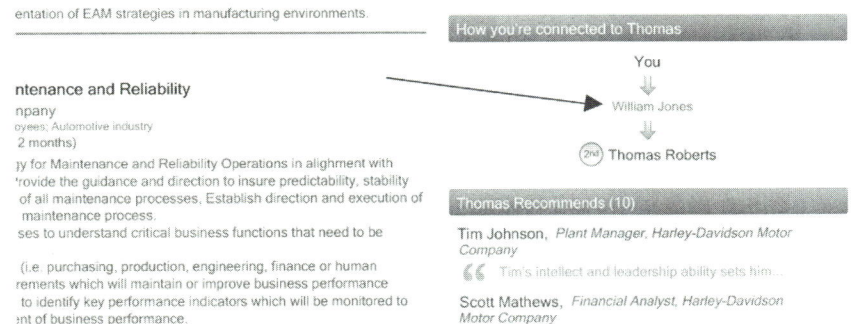

이제 정말 전화가 필요한 순간이다. 이 사람들을 아는 나의 1촌에
게 전화를 걸어 어떤 사이인지 물어본다. 그리고 만약 그들과 나의 1
촌 친구들이 신뢰하는 전문가, 즉 1촌 사이로 맺어져 있다면 그 자리

에서 그를 소개해 달라거나 메시지를 전달해 달라고 부탁하면 된다. 이러한 부탁은 전통적이고 일반적인 방식이다. 그러나 그렇다 해도 링크드인이 아니었다면 나는 나에게 필요한 조건의 사람들을 찾아내고, 그 사람들이 내 친구들과 절친한 사이인지 여부는 알 수 없었을 것이다. 이것이 바로 링크드인의 힘이라고 앞에서 설명했다.

♣ 소개기능(The Introduction Function)

이 기능은 2촌 또는 3촌 네트워크에 있는 사람과 연락을 취하고 싶은 경우에 활용할 수 있다. 만나고 싶은 2촌 또는 3촌 인맥의 사람에게 보내는 메시지를 작성해서, 1촌 친구에게 보내면 그 1촌 친구는 자신의 1촌이나 당신이 만나보고 싶은 2촌에게 그것을 전달할 것이다.

이 기능의 이용 방법에는 두 가지가 있다. 하나는 당신이 만나고 싶은 사람을 찾은 후, 검색 결과창에서 직접 '소개(Get Introduced)' 버튼을 클릭하는 것이다(그림 11.3 참조). 다른 하나는 그 사람의 프로필 화면에서 '간접소개(Get Introduced through a Connection)' 버튼을 클릭하는 것이다(그림 11.4 참조).

두 방법 모두 2촌과 3촌 관계에서 사용할 수 있지만 3촌 관계에서는 전자보다 후자의 방법이 효과적이다. 3촌 관계에서 후자의 방법을 사용하면 만나보고 싶은 사람에게 쓴 메시지를 먼저 1촌에게 보내 소개를 부탁한다. 그 사람은 자신의 1촌이자 당신이 만나고 싶은 사람의 1촌에게 그것을 전달한다. 그렇게 메시지를 전달받은 사람은, 최종적으로 자신의 1촌인 당신이 만나고 싶은 그 사람에게 당신의 메시지를 전달할 것이다.

이처럼 두 사람 이상을 거쳐 자신을 소개할 때는 그와 연결된 1촌 인맥 중에서 누구에게 소개를 부탁해야 가장 신속하고 효과적일지 생각해야 한다. 소개를 부탁할 1촌을 정해 '간접소개' 버튼을 누르면 그림 11.5와 같은 화면이 나타난다. 여기에는 2개의 글 상자가 있다. 위의 것은 소개를 부탁할 당신의 1촌 인맥에게 보내는 메시지 란이며, 아래의 것은 최종적으로 소개되기 바라는 사람에게 보내는 메시지 란이다.

소개를 부탁할 1촌 인맥에게는 사적인 안부로 시작해 링크드인을

그림 11.4 프로필을 읽고 관심이 생기면 곧바로 '소개' 기능을 이용할 수 있다

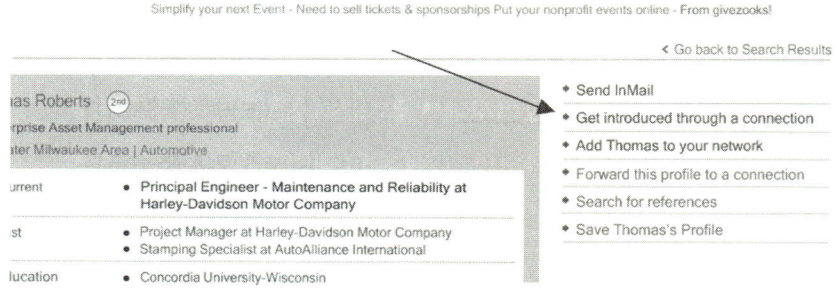

통해 자신을 상대에게 소개해 달라는 부탁의 말을 적으면 된다. 반면 최종적으로 소개되기 바라는 사람에게는 비즈니스 제의나 만나고자 하는 용건을 간단히 적는다.

메시지를 완성해서 '보내기(Send)' 버튼을 누르면 작성된 메시지는 우선 당신의 1촌 인맥에게 보내진다. 이때부터 링크드인의 진정한 힘이 발휘된다. 당신의 1촌 인맥은 메시지를 전달하면서 당신에 대해 좋은 말을 덧붙이거나 관심을 갖고 있는 비즈니스에 대해 귀띔을 해 줄 수 있다.

당신의 1촌 인맥이 자신의 메시지를 작성해 '보내기' 버튼을 누르면, 당신과 그가 작성한 메시지는 당신이 소개되기 바라는 사람에게 전송된다.

'간접소개(Get Introduced through a Connection)' 기능은 약간 생소할

그림 11.5 당신의 1촌 인맥에 있는 사람이 최종적으로 소개되길 바라는 사람에게 당신을 만나보도록 권유한다

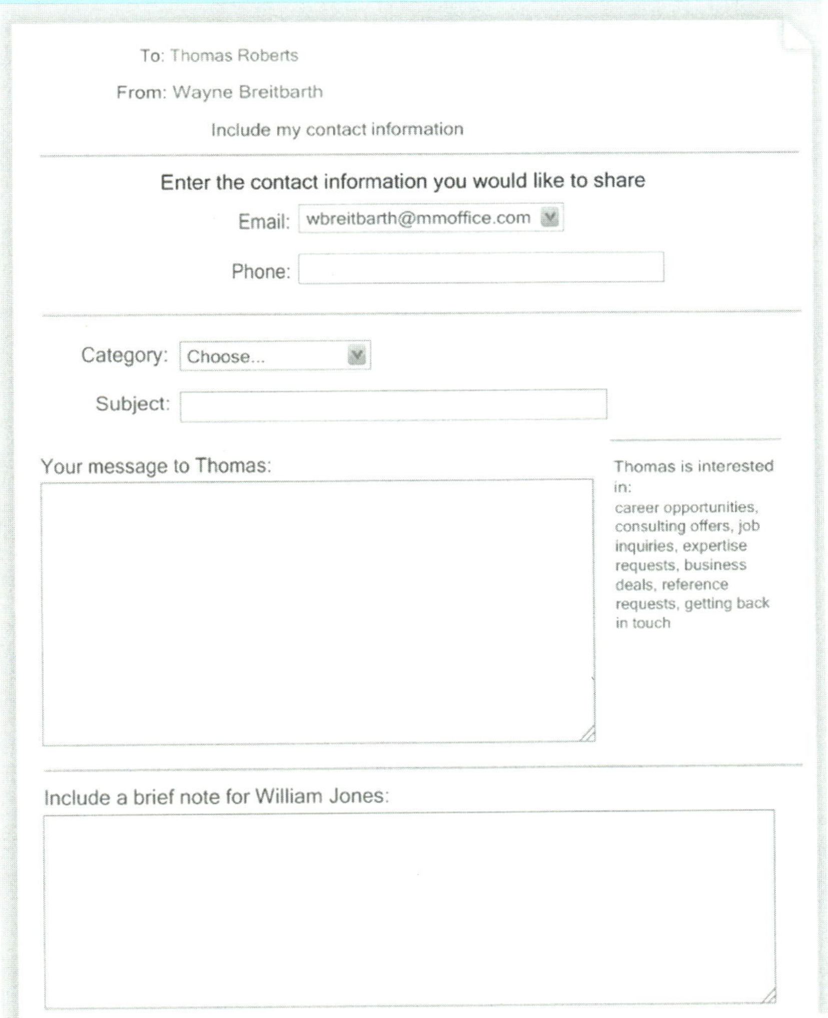

To: Thomas Roberts

From: Wayne Breitbarth

Include my contact information

Enter the contact information you would like to share

Email: wbreitbarth@mmoffice.com ▾

Phone:

Category: Choose... ▾

Subject:

Your message to Thomas:

Thomas is interested in:
career opportunities, consulting offers, job inquiries, expertise requests, business deals, reference requests, getting back in touch

Include a brief note for William Jones:

수 있다. 대부분의 경우 전화, 편지, e메일로 사람을 알게 되지만 인터넷이나 소셜미디어를 통해 낯선 사람을 소개하는 것은 익숙치 않아서다. 그러나 앞으로는 소셜미디어를 통해 사람을 사귀는 일이 보편화될 것이다. 페이스북 세대만 해도 친구와 연락할 때 매번 전화기를 찾지 않는다. 혹은 당신 자신이 링크드인을 통해 사람 사귀는 것에 익숙하다고 해도 소개를 부탁할 친구의 입장은 그렇지 않을 수 있다. 그런 경우에는 소개 기능이 어떻게 작용하며, 친구가 하게 될 역할이 무엇인지 알려줘야 한다.

무료 사용자는 소개 기능을 5번까지만 사용할 수 있어 소개 메시지가 전달되지 못할 수도 있다. 그러므로 소개를 부탁 받은 친구가 며칠이 지나도 메시지를 전달하지 않는다면 전화를 걸어 이러한 기능을 이해하는지 확인해야 한다.

소개를 부탁한 메시지의 진행 상태도 확인할 수 있다. 예를 들어 3촌 관계인 사람과 연락하기 위해 간접소개 방법을 이용한 경우다. 당신은 1촌이 정확히 누구에게 소개 메시지를 전달했는지 알 수 없어도 중간자에게 배달되었는지는 확인할 수 있다. 혹자는 3촌 관계가 너무먼 것이 아니냐고 의문을 가질 수 있다. 그러나 3촌 인맥을 1촌 인맥으로 만들 수 있다면 그 힘은 매우 강력하다. 그리고 3촌으로도 연결되지 않은 사람들에 비하면 결코 멀다고 할 수도 없다.

링크드인 소개 기능을 잘 활용하면 전화로 직접 소개를 부탁하는경우보다 효과적일 수 있다. 소개를 부탁 받은 사람은 당신이 보낸 메시지를 여유 있을 때 자세히 읽어 보고 처리할 수 있다. 그러나 그 사람이 정신 없이 바쁠 때 전화를 했다면 그러지 못할 것이다. 링크드인 소개 기능은 앞으로 더 자주 유용하게 활용될 것이다. 더 많은 페이스북 세대가 사회에 진출할수록 가속화될 것이다.

링크드인의 상세 사람 찾기 기능을 통해 얻은 정보는 전화, 쪽지, e 메일, 직접 만남, 링크드인 소개 기능 중 어느 방법을 이용하든 상대와 사귀는 데 큰 도움이 된다. 이는 링크드인이 아니고서는 절대로 얻을 수 없는 정보이기도 하다.

파워 공식 응용

　– 최종적으로 소개되기 바라는 사람에게 보내는 메시지에는 당신만의 경험을 강조해야 한다. 또한 그 경험이 그 사람의 비즈니스에 어떤 도움이 될 수 있는지 드러나야 한다.

　– 어떤 사람을 다른 사람에게 소개하는 중간자 역할을 할 경우, 실제로 유효한 소개로 이어질 수 있도록 그 사람의 장점과 능력을 전해주어야 한다.

Chapter 12

저 언덕 너머에 금이 있다

인맥 확장하기

앞장에서 살펴보았듯이 링크드인 검색의 성패는 얼마나 많은 인맥을 보유했느냐에 달려 있다. 하지만 당신이 잘 알고 신뢰하는 사람만을 인맥에 추가해야 한다는 내 조언을 항상 기억하기 바란다. 왜냐하면 당신이 '새로운 연락처(New Contact)'를 추가할 때 소중한 인맥이 새로 추가된 인맥들에게 고스란히 넘겨지기 때문이다. 당신의 인맥은 자신만의 것이라는 사실을 꼭 기억하라. 다시 말해 지금까지 경력을 쌓으면서 구축한 인맥은 당신만의 자산이다.

하지만 링크드인에 인맥을 추가하면 당신의 '아웃룩 데이터베이스(Outlook Database)'가 추가된 사람에게 넘어간다. 그러므로 암묵적으로 서로가 전문가답게 상대방의 데이터베이스를 잘 관리할 것이라고 믿어야 한다.

대부분의 링크드인 사용자들은 20~30명 정도의 인맥(피라미 수준)을 만든다. 그러나 나는 최소 200~250명의 인맥(정치가 수준)을 구축하라고 권하고 싶다. 인맥을 검색해서 유용하게 쓸 수 있다면 계속해서 많은 인맥을 추가할 것이다. 이번 장에서는 추가할 새로운 사람들을 찾는 방법, '인맥요청(Accept or Decline the Requests You'll get)'을 수락하거나 거절하는 방법, 확장된 인맥 속에서 유익한 정보를 얻는 방법에 대해 설명한다. 정치가 수준의 대규모 인맥을 구축하면 어떻게 될까. 당신은 낚시터에서 물고기를 건져 올리듯 가치 있는 수많은 잠재 인맥을 건져 올릴 것이다.

인맥을 추가하는 가장 일반적인 방법은 한 번에 1명의 인맥을 추가하는 것이다. 화면 상단 맨 위쪽에 있는 툴바에서 '인맥추가(Add Connections)'를 클릭하면 된다(그림 12.1 참조). 당신에게 필요한 것은

그림 12.1 한 번에 1명씩 인맥을 추가하는 것은 매우 간단하다

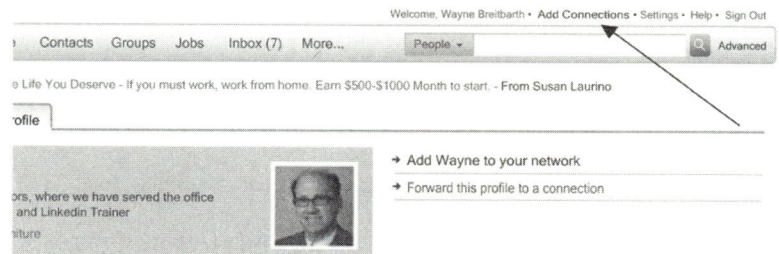

추가하고 싶은 사람의 e메일 주소뿐이다. 그 다음에 '링크드인의 정식 인맥초대(LinkedIn's Standard Invitations)'를 이용해 친구나 동료가 당신의 인맥에 가입하도록 초대하면 된다.

그러나 인맥을 추가하는 더 좋은 방법이 있다. 찾고 싶은 사람의 이름을 검색해서, 그 사람의 프로필 우측 상단 모퉁이에 있는 '자신의 인맥에 추가(Add [her name] to your network)'를 클릭한다. 그렇게 하면 당신과 초대한 사람의 관계를 '동료'나 '동기' 등의 단어 중 하나를 선택하게 될 것이다. 나는 앞에서 언급한 인맥 추가 방법보다 이 방법을 더 선호한다. 왜냐하면 상대방에게 내가 그 사람의 인맥에 추가되면 이득이 된다는 일종의 암시를 줄 수 있기 때문이다.

하지만 '당신을 나의 링크드인 비즈니스 인맥에 추가하기를 원합니다'와 같은 초대 문구는 너무 식상하다. 신뢰하는 전문가로 구성된 인맥 속에 새로운 사람을 초대하는 것이다. 그러므로 초대받는 사람의 마음을 움직일 만한 문구를 잘 만들어야 한다. 맞춤형 초대 문구를 올리면 인맥수락의 확률을 훨씬 더 높일 수 있다.

이제 한 번에 많은 인맥을 추가하는 방법을 설명하겠다. 인맥 한 명 없이 링크드인을 시작했다면 다음의 네 단계에 따라 3~4일 내에 50~60명의 인맥을 만들 수 있어야 한다. 또 현재 30~40명의 인맥을 가진 사람은 다음 단계에 따라 100명 이상의 인맥을 만들 수 있어야 한다.

⚎ 연락처 불러오기(Importing Contacts)

첫 번째 단계는 '연락처 불러오기'다(그림 12.2 참조). 툴바 맨 위쪽에 서 '연락처(Contacts)'를 클릭한 다음 '연락처 추가하기(Imported Contacts)'를 선택하라. 이때 링크드인은 당신의 '연락처 데이터베이스' 전체를 검색할 것이다. 링크드인은 기본적으로 아웃룩 e메일을 검색한다. 게다가 다른 데이터베이스나 ACT, 골드마인(GoldMine), 야후, 지메일(Gmail)과 같은 여러 e메일 계정도 검색할 수 있다. 심지어 파일명이 있는 단순한 엑셀 파일이나 e메일까지도 검색한다.

링크드인은 데이터베이스를 샅샅이 뒤져 링크드인 회원의 연락처

그림 12.2 연락처 불러오기를 클릭한 후 모든 연락처가 검색되는 것을 기다린다

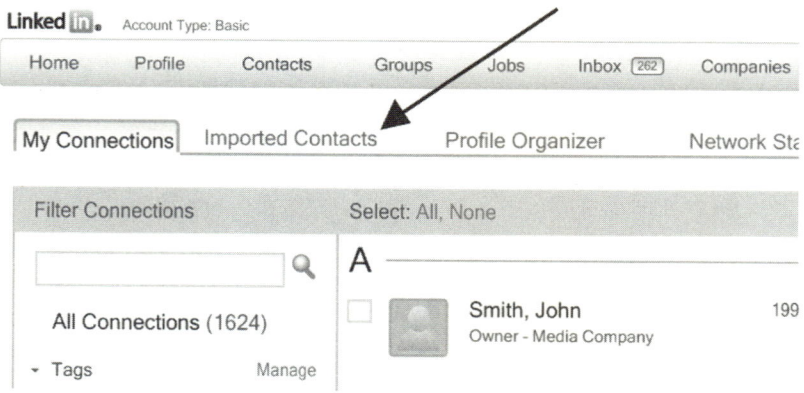

와 일치하는 e메일 주소를 찾는다. 검색이 끝나면 그림 12.3의 화면을 볼 수 있다. 당신이 찾고 있었던 것은 'in' 이라고 쓰여진 작고 파란 네모이다. 이 아이콘은 이미 링크드인에 가입되어 있는 사람들의 연락처를 보여준다. 이 연락처의 사람들에게 인맥초대를 보내면 그들이 수락할 가능성이 얼마나 될까? 아마 100%에 가까울 것이다.

먼저 연락처에서 이름 옆에 있는 박스를 클릭해 인맥 요청을 하고 싶은 사람을 선택한다. 그런 다음 '선택한 사람 초대하기(Invite Selected Contacts)' 버튼을 클릭한다. 당신이 선택한 사람에게 '그룹 초대(Group Invitation)'가 보내질 것이다. 여기서 초대 문구를 쓸 때 상당히 창의적일 필요가 있다. 왜냐하면 그 초대문구는 다수의 다양한 사람들에게 전해지기 때문이다. 예를 들어 이렇게 작성할 수 있다.

"안녕하세요. 저는 웨인 브레이트바르트가 링크드인에 관해 쓴 훌륭한 책을 읽었습니다. 이 책 덕분에 링크드인이 내게 정말로 큰 도움이 된다는 것을 알았어요. 당신이 저의 인맥으로 등록해주신다면 정말 기쁠 거예요."

– 홍길동

그림 12.3 링크드인은 이전부터 링크드인을 사용해 온 신뢰하는 전문가와 신속히 연결해준다

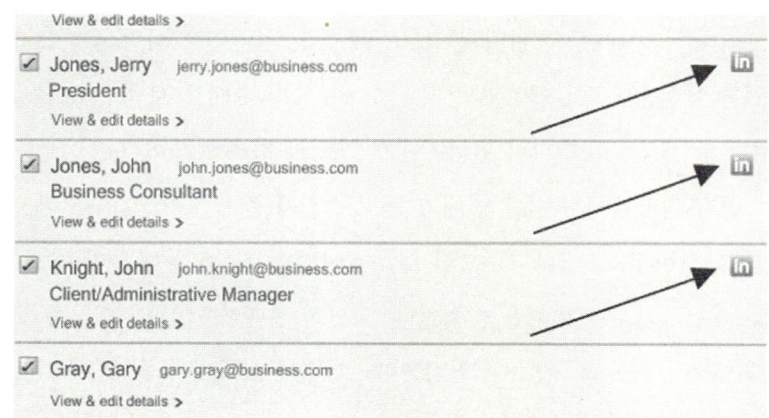

♣♣ 동료들과 연결(Connecting with Colleagues)

인맥 구축의 두 번째 단계는 '동료 추가(Adding Colleagues)'다. 우측 상단 툴바에서 '인맥 추가(Add Connections)'를 클릭하고 '동료(Colleagues)'를 클릭한다(그림 12.4 참조). 그러면 링크드인은 당신의 프로필에 등록된 모든 직업을 검색해 일한 회사부터, 근무 기간 동안 함께 일한 사람들의 목록을 만든다. 후에 이와 같은 검색을 다시 하면, 마지막 검색 시점 이후 추가된 사람만의 목록도 구성된다.

그림 12.4 과거와 현재 동료는 매우 소중한 인맥이 된다

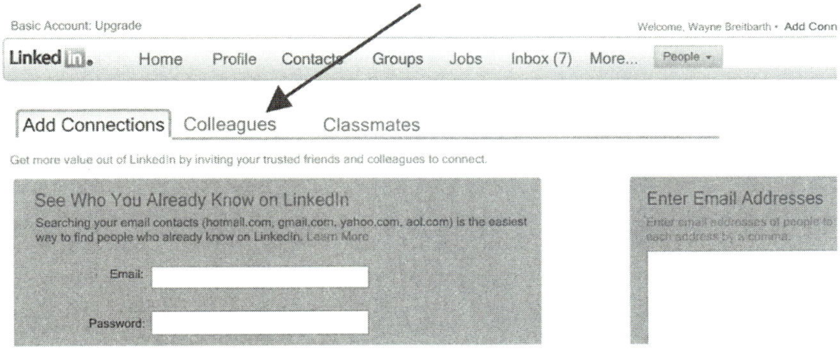

⚎ 학우들과의 연결(Connecting with Classmates)

세 번째 단계는 '학우들과의 연결(Connection with Classmates)'이다. 여기서는 페이스북을 할 때와 똑같은 재미를 느낄 것이다. 먼저 '학우(Classmates)'를 클릭한다(그림 12.5 참조). 당신이 다녔던 학교와 그 당시 연도를 선택하라.

그러면 링크드인이 선택한 연도에 그 학교 출신으로 등록된 모든 사람들의 목록이 만들어진다. 아마도 상당히 많은 예비 인맥과 마주칠 것이다. 하지만 "이런, 너무 많아. 다 훑어보려면 너무 오래 걸리겠는 걸"이라고 생각한다면 왜 자신이 링크드인을 하는지 그 이유를 정확히 모르는 것이다. 인맥 찾는 과정을 귀찮게 여기지 말고 보물을 찾

그림 12.5 학우 한 명과 인맥을 맺는 것은 엄청난 비즈니스 성공으로 이어지기도 한다

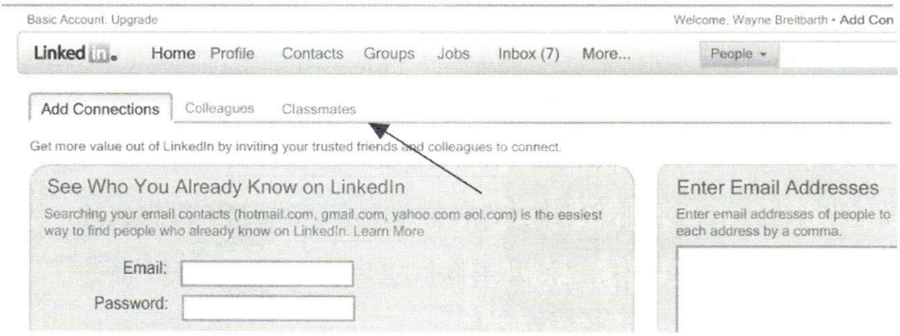

고 있다고 생각하라. 그러면서 자신에게 "지금 저 언덕 너머에 금이 있다"고 말하라. 학우들은 아주 중요한 인맥이 될 수 있는 엄청난 기회를 제공할 것이다. 그들은 학창시절의 당신을 기억할 것이다. 또한 그들과 당신이 지금껏 이뤄온 일에 대해 많은 이야기를 나눌 수 있을 것이다.

옛 친구들과 다시 연락하는 것은 즐거운 일이다. 동시에 아주 생산적인 일이다. 그 옛날 함께 술을 마시던 친구 중 일부는 현재 당신이 비즈니스 관계를 맺으려는 회사의 대표가 되어 있을 수도 있다. 또 어떤 친구는 대단한 1촌 친구를 많이 갖고 있어서 당신에게 2촌이나 3촌 인맥을 연결해주는 엄청난 기회를 제공할 수도 있다. 사람 일은 모르는 것이지 않은가?

⚛ 아웃룩 툴바(Outlook Toolbar)

네 번째 단계는 모든 링크드인 페이지의 맨 아래에 있는 '도구 (Tools)'를 클릭하면 나타나는 '아웃룩 툴바(Outlook Toolbar)'를 다운로 드하는 것이다. 아웃룩 툴바 상자에 있는 '즉시 다운로드(Download it now)'를 클릭한다(그림 12.6 참조). 아웃룩 툴바를 설치하면 링크드인 데이터베이스에 등록한 사람과 연락할 때 받은 모든 e메일을 검색할 수 있다. 또한 이 프로그램은 아웃룩 데이터베이스에 있는 사람들이 링크드인에 가입할 때 당신에게 알려주며, 아웃룩에 저장한 새로운 연락처로 e메일을 쓰면 팝업 상자가 나타나 수신자의 링크드인 회원 가입 여부와 만약 그 사람이 회원이라면 현재 보유하고 있는 인맥의 수를 알려준다. 당신은 그 팝업 상자에서 그 사람을 링크드인 인맥으

그림 12.6 아웃룩 툴바(가상 비서)는 나을 위해 24시간 잠재 인맥을 찾아준다

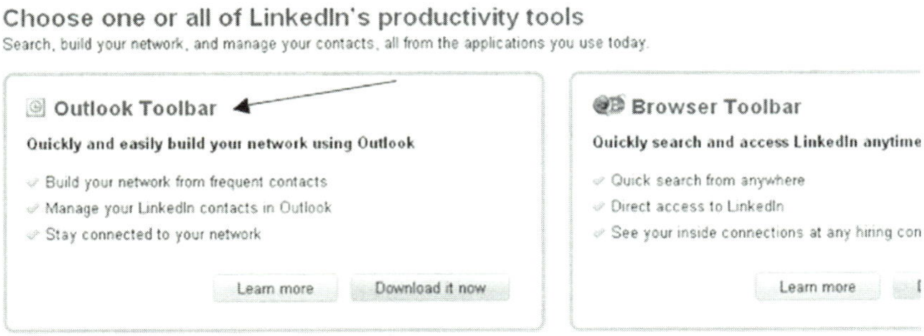

Choose one or all of LinkedIn's productivity tools
Search, build your network, and manage your contacts, all from the applications you use today.

Outlook Toolbar ◀

Quickly and easily build your network using Outlook

- Build your network from frequent contacts
- Manage your LinkedIn contacts in Outlook
- Stay connected to your network

Learn more   Download it now

Browser Toolbar

Quickly search and access LinkedIn anytime

- Quick search from anywhere
- Direct access to LinkedIn
- See your inside connections at any hiring con

Learn more

로 추가할지를 선택하면 된다.

⚶ 알 수도 있는 사람들(People you may know)

링크드인 홈페이지 우측에는 '알 수도 있는 사람들(People you may know)'이라고 된 상자가 있다(그림 12.7 참조). 링크드인은 사람들을 이곳에 모으는데 일가견이 있다. 어떻게 시스템적으로 작동되는지는 아직 밝혀지지 않았다. 하지만 당신이 여기서 찾게 될 이름을 보면 깜짝 놀랄 것이다. 내가 관찰한 바로는 이곳에서 볼 수 있는 사람들은 일반적으로 다음 범주 중 한 가지 또는 그 이상에 포함된다.

- 당신의 인맥 안에 있는 누군가와 연결되어 있다.
- 당신과 같은 학교를 다녔다.

그림 12.7 링크드인은 새로운 인맥을 찾도록 돕는다

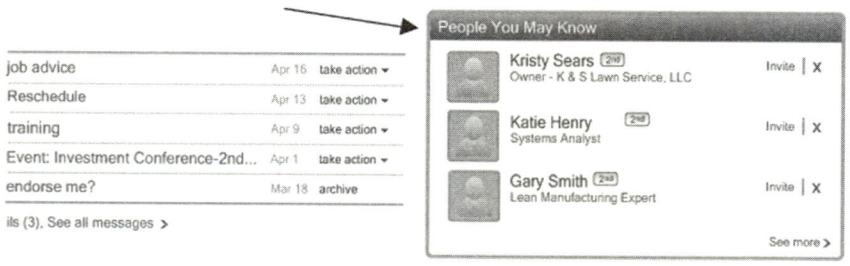

– 당신이 속한 어떤 그룹의 회원이다.

'알 수도 있는 사람들' 기능은 유용할 뿐 아니라 꽤 재미도 있다. 링크드인의 도움으로 나는 대학시절 싸구려 맥주를 함께 마시던 친구 녀석 몇 명을 찾을 수 있었다! 새로운 인맥을 찾을 때 이 유용한 기능을 꼭 활용하라.

친구요청 수락 및 거절
(Accepting or Declining Connection Requests)

사람들은 내게 "누군지도 모르는 사람이 링크드인에서 친구 초대를 해올 때 어떻게 해야 하느냐"고 자주 묻는다. 링크드인에서 점점 더 많이 활동할수록 그러한 일은 더 많아진다. 특히 지금 가입해 있는 그룹보다 더 큰 그룹에 가입할 경우 더욱 그렇다. 어떤 사람은 당신이 자신과 같은 그룹에 속해 있기 때문에 1촌 인맥을 맺고 싶어할 것이라고 추측한다.

당신이 누군가에게 초대를 받으면, 그림 12.8과 같은 화면을 보게 된다. 초대에 응하는 6가지 방법에 대해 살펴보자.

1. **수락(Accept)** : 그 사람은 바로 1촌 인맥이 된다.
2. **답장(Reply)** : 사람들은 종종 답장 기능을 대수롭지 않게 여기고

지나친다. '답장(Reply)' 화살표를 누르면 초대를 요청한 사람을 인맥으로 등록하지 않으면서 답장을 보낼 수 있다. 만약 내가 어떤 사람과 흥미로운 만남을 가졌고, 같은 그룹이나 동호회에 속해 있다면 다음과 같은 메시지를 보낸다.

"다음 번에 만나면 우리 꼭 서로에 대해 더 알아가고 친해지기로 합시다. 그래서 서로 링크드인 네트워크로 연결도 하고요."

3. **삭제(Delete)** : 초대요청은 휴지통으로 들어간다.
4. **자료실(Archive)** : 초대요청은 자료실 파일에 보관되고, 후에 당신이 그 초대에 응하는 것을 다시 고려할 수 있게 해준다. 나는 자료실 기능을 자주 이용한다. 하지만 내가 누군가의 초대요청을 자료실로 보내기 전에 하는 일이 하나 있다. 그것은 그 사람의 프로필을 한번 살펴보고 내가 최소한 한번 만나볼 만한 사람인가 확인하는 일이다. 그 사람은 직접 당신을 찾았기에 어쩌면 당신과 비즈니스 관계를 맺고 싶어 할지도 모른다는 것을 기억하라. 당신이 까맣게 잊어버릴 수도 있는 자료실 파일에 그 사람의 초대요청을 넣기 전에 프로필 중에 뭔가 눈길을 끄는 것이 없는지 살펴보라.

그림 12.8 초대에 응할 때는 선택할 수 있는 6가지 방법을 모두 고려한다

5. **무시(Ignore)** : 초대요청은 자료실에 보관되고 '무시(Ignore)'로 표
   시된다. 초대를 무시하기 전에 자료실로 이동할 경우, 4)번에서
   제안한 절차를 따르면 좋다. 혹시 초대한 사람을 만날 만한 이유
   가 있는지 그 사람의 프로필을 확인하는 것이다. 무시를 선택한
   후에는 두 가지 방식이 있다. 첫째 '나는 이 사람을 모른다(I don't
   know them)'이고 둘째는 '스팸신고(Report as Spam)'이다. 이 기능
   으로 메시지를 보낸 사람이 링크드인을 부적절하게 사용하지 않
   도록 링크드인 본사에 신고할 수 있다.

6. **전달(Forward)** : 초대요청을 수락하기 전에 초대를 한 사람에 대
   해 묻고 싶은 것이 있을 수 있다. 이 경우 유용한 정보를 제공해

줄 1촌 인맥 누군가에게 그 초대를 전달할 수 있다.

⚛ 경쟁자와 연결(Connecting with Competitors)

사람들에게 내가 자주 받는 질문 중 하나는 "경쟁자의 1촌 신청을 받아 주시나요?"다. 그러면 나는 "아니요!"라고 바로 대답한다. 당신에게 가장 중요한 사람 목록을 경쟁자에게 보여주는 것은 훌륭한 비즈니스 마인드가 아니다.

그렇게 되면 기본적으로 당신의 아웃룩 데이터베이스를 경쟁자에게 넘기게 된다. 하지만 어떤 비즈니스 분야에서는 경쟁업자가 공급업자인 동시에 판매업자가 될 수도 있다. 이러한 경우 그 경쟁자의 1촌 신청을 수락함으로써 올 수 있는 손해 요인과 이익 요인을 잘 따져봐야 한다.

나는 웬만하면 '이 사람을 모른다'를 선택하지 않으려 한다. 하지만 만나본 적도 없는 직접적인 경쟁자가 내게 링크드인 친구 요청을 할 때는 예외다. 평생 동안 피땀으로 일군 나의 비즈니스 인맥에 경쟁자의 접근을 허락하는 것은 말도 안 되는 일이다. 그래서 바로 링크드인에서 '이 사람을 모른다'를 선택한다.

⚬ 확대되는 인맥 점검

(Monitoring Your Growing Network)

일단 링크드인에서 다양한 인맥을 구축했다면 특정 날짜 이후로 인맥에 추가된 새로운 사람을 쉽게 추적할 수 있다. 맨 위쪽 툴바의 '연락처(Contacts)'를 선택한 후 '인맥통계(Network statistics)'를 클릭해서 전체 인맥 정보를 살펴보라(그림 12.9 참조).

당신의 1촌 인맥뿐 아니라 2촌과 3촌 인맥이 얼마나 빠르게 계속 추가되는지를 알면 깜짝 놀랄 것이다. 홈페이지 우측에서 이들 정보의 '요약(Summary)'을 볼 수 있다.

나는 보통 하루에 약 8,500명을 추가한다. 물론 이 사람들의 이름이

그림 12.9 당신의 인맥이 얼마나 빠르게 확장되는지 알면 깜짝 놀랄 것이다

Your Network of Trusted Professionals

You are at the center of your network. Your connections can introduce you to 5,779,300+ professionals — here's how your network breaks down:

1 **Your Connections** Your trusted friends and colleagues		1,192
2 **Two degrees away** Friends of friends; each connected to one of your connections		110,000+
3 **Three degrees away** Reach these users through a friend and one of their friends		5,668,000+
Total users you can contact through an Introduction		5,779,300+

8,503 new people in your network since April 16

나 누가 나와 인맥이 되었는지 상세히 알지는 못한다. 하지만 내가 꿈꾸는 어마어마한 비즈니스 성공을 이룰 확률은 어제보다 8,500명만큼 더 가까워졌다는 사실은 확실히 안다. 심지어 내가 해변이나 로키산에서 하이킹을 하고 있을 때도 하루에 약 8,500명의 사람들이 내 인맥에 추가되고 있다. 그렇다면 '휴가'라는 단어에도 새로운 의미가 부여된다고 생각하지 않는가? 나는 그들이 언젠가는 내 비즈니스에 크게 한 몫 하리라는 것을 믿어 의심치 않는다.

⚬⚬ 태그(Tags)

이제 당신은 추가된 수많은 인맥을 쉽게 분류해서 찾도록 태그를 활용하고 싶을 것이다. 링크드인은 태그를 '인맥을 분류하고 정리하는 링크드인만의 신속하고 손쉬운 필터링 키워드'라고 정의한다. 태그 기능을 활용하려면 맨 위쪽 툴바의 '연락처(Contacts)'로 가서 '나의 인맥(My Connections)'을 클릭한 후 '태그(Tags)'를 누른다. 당신의 모든 인맥들을 특정 범주에 들어가도록 태그하면 링크드인이 그 인맥들의 목록을 만들어준다.

나는 '은행가(Bankers)', '보험설계사(Insurance Agents)', '고객들(Customers)' 등의 태그를 유용하게 생각한다. 당신의 인맥 속 특정 인물 또는 특정 그룹의 주소나 연락처가 필요할 때 이 기능을 사용하라. 그러면 시간을 절약하면서 인맥을 그룹화하는 데 도움이 되는 태그 사용법을 더 많이 알게 될 것이다.

⚉ 누가 내 프로필을 봤을까
(Who's Viewed my Profile?)

링크드인은 홈페이지 우측에서 '누가 내 프로필을 봤을까(Who's Viewed My Profile?)'라는 메뉴를 통해 프로필을 확인한 사람을 파악하게 해준다(그림 12.10 참조). 이 메뉴는 때때로 클릭해서 봐도 될 만큼 흥미롭다. 하지만 이곳에서 프로필을 본 사람의 이름은 알 수 없다. 그 사람의 이름 대신 프로필을 본 사람의 직책이나 회사의 유형 또는 산업 분야, 회사명, 위치 등의 정보만 볼 수 있다. 이 정보를 통해 누가 당신의 프로필을 봤고 만나보고 싶어 하는지에 대한 추측이 가능

그림 12.10 프로필을 확인하는 사람이 늘어나면 늘어날수록 더 많은 비즈니스 기회가 만들어진다

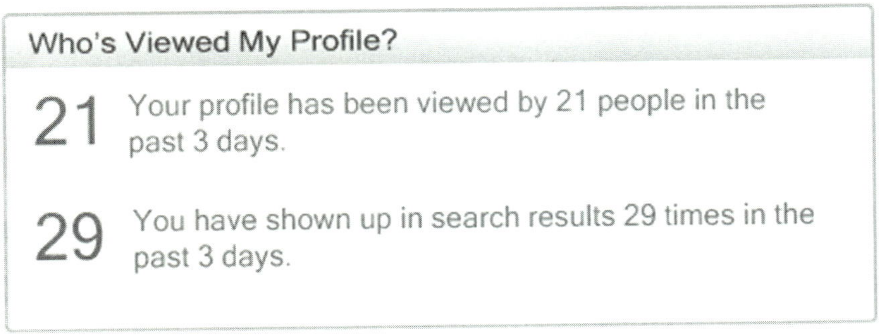

Who's Viewed My Profile?

21 Your profile has been viewed by 21 people in the past 3 days.

29 You have shown up in search results 29 times in the past 3 days.

하다.

'누가 내 프로필을 봤을까' 항목은 링크드인에서 자신의 존재감과 활동 영역의 확대 여부를 확인할 수 있다. "지난 3일 동안 22명이 당신의 프로필을 봤습니다"는 물론 "어제 7번 검색되었습니다"와 같은 정보를 보여주기 때문이다. 모든 네트워크 활동과 마찬가지로 링크드인 활동을 확대한다는 것은 인간관계의 확장으로 이어지는 잠재력을 갖게 된다는 뜻이다. 또한 이러한 잠재력은 비즈니스 확대로 이어진다.

이번 장에서 설명한 기능을 활용하면 수많은 인맥을 짧은 시간에 추가할 수 있다. 당신은 정치가 수준의 인맥 구축 단계에 올라갈 것이며, 새로운 연락처를 검색하고 싶을 때 선택할 수 있는 수많은 사람을 얻을 것이다.

파워 공식 응용

– 이번 장에서 설명한 방법을 전부 활용하려면 6~8시간이 걸릴지도 모른다. 하지만 그만한 노력을 기울일 가치가 충분하다. 당신만의 인맥이 된 모든 사람은 수많은 2촌, 3촌 인맥을 연결해준다. 또한 그들 중 어느 누구라도 꼭 만나고 싶은 사람이 될 수 있다.

– 여기서 설명한 단계는 '경력란(Experience Sections)'과 '학력란(Education Sections)'에 자신만의 경험을 성실하게 입력할 때 더 효과적인 힘을 발휘한다. 직업 경력이나 교육 경험을 열거하지 않으면, 다른 사람의 신뢰를 얻을 기회를 놓친다. 뿐만 아니라 당신만의 경험을 통해 만났던 사람과 소중한 인맥을 만들 기회도 놓치게 된다.

Chapter 13

키워드가 왕이다

당신이 다른 사람을 찾거나 다른 사람이 당신을 찾고자 할 때 최대한 잘 찾는 방법

지금까지 키워드의 중요성을 강조한 나에게 신물이 날지 모르겠다. 하지만 나는 많은 사람들이 여전히 키워드의 검색논리와 규칙을 잘 알지 못한다는 것을 안다. 당신은 인맥을 쌓고 완벽한 프로필 구축에 시간을 아끼지 않는가? 이렇게 당신이 정치가 수준의 네트워크를 구축하면 수많은 잠재 인맥을 얻게 된다. 이때 이번 장에서 소개할 방법을 잘 활용하면 더욱 강력한 검색 결과를 얻게 된다. 이로 인해 링크드인의 효율을 극대화시킬 수 있다.

링크드인 검색은 인터넷의 다른 모든 검색이 실행되는 방식과 많은 부분 유사하다. '불 논리(Boolean logic)'에 근거해서다. 이번 장은 불 논리의 기본 법칙 몇 가지와 이를 효과적으로 활용할 수 있는 사례를 소개한다.

♣ 정확한 문구(Exact Phrases)

만약 어떤 순서로 구성된 단어를 하나로 묶어 검색한다면 큰 따옴표 안에 넣어라. 예를 들어 인테리어 디자인이라는 검색어는 큰 따옴표 안에 넣어야 한다. 이렇게 하지 않으면 인테리어 디자인 문구가 포함된 검색결과 페이지가 아니라 인테리어와 디자인이 따로따로 포함된 검색결과가 나타난다.

♣ 앤드(And) 기능

검색어 사이에 대문자 단어 AND나 더하기 표(+)를 넣으면 검색창에 쓴 단어 또는 문구 전체를 포함하는 검색결과를 볼 수 있다. 예를 들어 어떤 사람의 프로필에서 사무용가구와 인테리어 디자인을 모두 포함하는 사람을 찾을 경우다. 이럴 때 나는 "사무용가구 AND 인테리어 디자인" 또는 "사무용가구 + 인테리어 디자인"이라고 입력한다. 그러나 AND나 더하기를 빼더라도 링크드인은 두 단어, 즉 "사무용가구", "인테리어 디자인" 사이에 "AND"가 있다고 가정하고 다른 검색엔진에서와 같은 결과를 보여준다.

⛬ 오어(Or) 기능

검색어 사이에 대문자 OR을 넣으면 검색어 둘을 다 포함하는 것이 아니다. 검색어 둘 중에서 하나만 포함하는 결과를 보여준다. "공인 회계사(CPA) OR 오너(owner)"라고 검색하면 프로필에 "공인회계사 (CPA)" 또는 "오너(owner)"라는 단어를 포함한 모든 사람의 검색결과를 얻는다.

⛬ 낫(Not) 기능

하나의 검색어 앞에 빼기 표(−)나 대문자 단어 NOT을 넣으면 그 단어를 제외한 검색결과를 얻을 수 있다. 예를 들어 마케팅(marketing) 이 아닌 세일즈(sales) 분야의 누군가를 찾는다고 하자. 그러면 "세일 즈 NOT 마케팅" 또는 "세일즈−마케팅"이라고 입력하라. 그러면 마 케팅이라는 단어가 아니라 세일즈란 단어가 포함된 프로필을 볼 수 있다.

'불 논리'의 법칙에 관해서는 인터넷에서 더 자세한 설명을 볼 수 있다. 링크드인 인맥 구축에 많은 시간을 들인 우리는 링크드인을 통해 보상 받기를 원할 것이다. 키워드 검색에 능숙해진다는 것은 목표 달성에 가장 중요한 단계에 이른다는 뜻이다.

♣ 프로필을 최적화하는 키워드

사람들이 링크드인에서 당신의 직업과 관련된 키워드로 검색하면 확실하게 검색 목록 상위에 오를 수 있는 방법을 설명하겠다. 이 방법은 검색엔진 최적화 회사가 업체 웹사이트를 구글 검색결과 제일 상단으로 끌어올리는 것과 유사하다. 만약 웹사이트를 갖고 있는 경영자라면 아마도 키워드 검색에서 상위에 오르도록 하기 위해 많은 돈을 지불할 것이다.

링크드인 프로필은 개인 웹사이트나 마찬가지다. 이제 설명할 내용은 '검색엔진 최적화(SEO : Search Engine Optimization)'이다. 전문가에게 떼돈을 안기지 않고도 당신의 프로필을 찾는 키워드를 최적화할 기회를 마련할 수 있다. 다음의 단계를 따르면 된다.

1. 링크드인의 '상세 인물검색 기능(Advanced People Search Function)'의 '검색어 상자(Keyword box)'에 가장 중요한 키워드를 넣는다(그림 13.1 참조). 내 경우에는 그 키워드가 '사무용가구'다. 만약 어떤 특정 지역에서 비즈니스를 하고 있다면 시장을 모두 커버하는 '지역범위(Radius)'와 '우편번호(Zip Code)'를 넣어라(그림 13.2 참조). 그리고 페이지 아래쪽에 있는 파란색 검색 버튼을 누르고 결과를 스크롤하면서 프로필이 어디에 나타나는지 정확히 확인한다. 만약 당신의 프로필이 첫 페이지에 나타나지 않으

그림 13.1 프로필 키워드를 최적화하는 작업을 시작한다

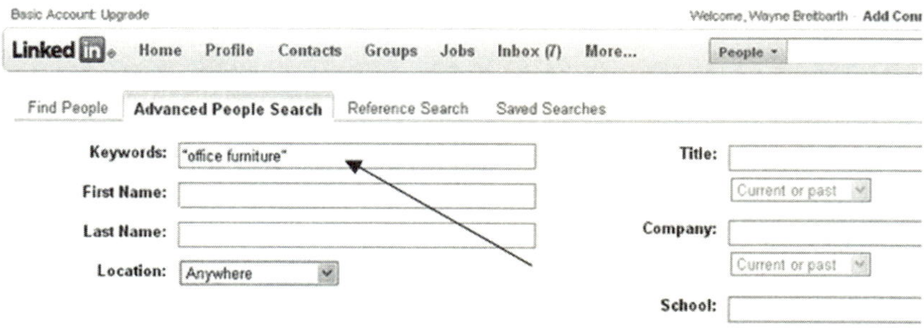

그림 13.2 자신이 속한 시장을 명확하게 구분하면 효과적인 검색결과를 얻을 수 있다

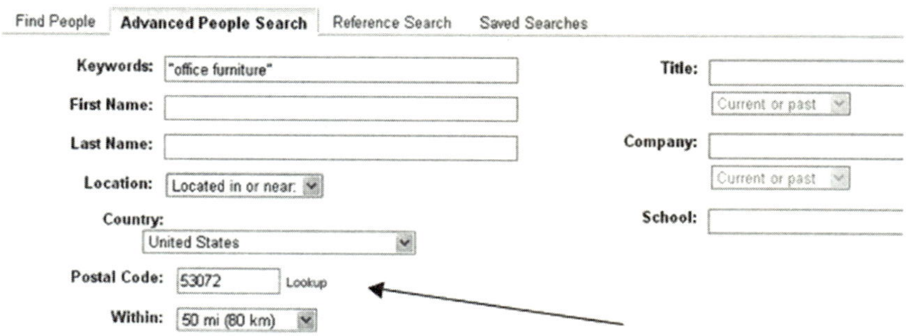

면 키워드 조합에 대해 좀더 고민을 해야 한다. 반면 프로필이 첫 페이지에 나타나는 사람도 있을 것이다. 하지만 이 경우에도 첫 페이지의 첫 번째에 나타나는 결과를 얻겠다는 더 큰 목표를 가져야 한다.

2. 프로필을 수정하라. 1단계에서 정한 키워드를 다음 5가지 중 하나 혹은 전체에 추가한다. 그 5가지는 헤드라인(Headline), 요약(Summary), 전문분야(Specialties), 직함(Position Title) 그리고 직함 설명(Position Description)이다. 내가 본 블로그 자료에 의하면, 자신의 키워드를 헤드라인이나 직함에 넣으면 더욱 특별한 링크드인 검색기능을 얻게 된다. 또한 내가 수집한 자료로 내 주장을 뒷받침한다. 당신이 정한 키워드를 당신이 받는 모든 '추천서'에도 들어가도록 노력하라.

내 경우 단순하게 키워드를 '사무용가구', '사무용가구', '사무용가구'로 나열하고픈 유혹도 있다. 하지만 자신의 프로필은 다른 사람들이 이해하고 알아보기 쉽게 만들어야 한다는 것을 기억하라. 그 키워드를 자연스럽게 조합할 수 있도록 최선을 다하라. 일단 프로필에 있는 키워드에 추가 키워드를 더하면 같은 검색을 실행해 검색 결과에서 변동이 생기는지 확인하라.

나는 밀워키 지역의 사무용가구 검색 순위에서 1위를 차지했던 사실을 자랑스럽게 생각한다. 1위에서 밀려나 다시 그 자리에 오르기 위해 아주 열심히 노력했던 적도 여러 번 있었다. 당신의 검색 순위를 향상시킬 키워드를 계속해서 추가하고 조합하는 일에 치열하게 고민해야 한다. 사람들이 당신을 주목할 수 있는 검색 목록의 첫 번째에 오르길 원하지 않는가?

3. 당신의 회사 또는(and/or) 산업분야와 관련된 추가적인 키워드 검색을 실행하라. 다른 키워드를 쳐보거나 여러 키워드를 조합해보고, 더 복잡한 검색을 해보는 등 흥미로운 시도를 하라. 제10장에서 설명한 것처럼 가장 의미 있고 복합적인 검색결과는 꼭 저장한다. 저장한 검색결과는 큰 거래를 성사시킬 수 있는 사람을 찾는 데 반드시 도움이 된다.

파워 공식 응용

- 키워드가 왕이다. 키워드의 조합은 왕과 신하의 조합이나 마찬가지다. 반드시 경쟁자의 프로필을 자세히 살펴보고, 그들이 자신만의 경험을 설명하기 위해 어떤 단어를 사용했는지 탐색한다. 당신이 놓친 부분을 발견할 수 있을 것이다.

- 단골 고객 중 일부를 조사한 다음 이러한 생각이 들 수 있다. "혹시 인터넷에서 나와 우리 회사에 대해 검색했다면 어떤 검색어를 사용했을까?" 비즈니스에 도움을 얻을 수 있도록 당신의 능력을 살려 자신만의 인맥과 이러한 종류의 질문을 주고받아라.

Chapter 14

기업은 어떻게 링크드인 환경에 적응하는가?

다른 기업과 관련된 문제들과 링크드인 상의 기업 조사

링크드인의 아주 유용한 장점 중 하나는 기업에 대해 더 많이 배울 수 있다는 점이다. 링크드인 유료 계정을 가진 사람들이 '회사(Company Section)' 부분을 독점 이용할 것이라는 유언비어도 있다. 그러나 현재까지 여전히 무료이며 또한 누구든 아주 유용하게 사용할 수 있다.

링크드인의 어느 페이지에서든 맨 꼭대기 툴바의 '추가(More)' 탭을 클릭하고 '회사(Companies)'를 선택하면 키워드나 회사명으로 회사들을 검색할 수 있다. 검색결과에서 하나의 회사를 클릭하면 링크드인이 '회사 프로필(Company Profile)'이라는 결과를 보여준다. 나는 회사 페이지와 관련해 프로필이라는 단어를 쓰는 것을 좋아하지 않는다.

마치 기업이 실제로 갖고 있지도 않은 인맥 구축 능력을 링크드인 개인 사용자처럼 갖고 있는 것으로 비춰지기 때문이다. 하지만 회사 프로필에는 유용한 정보가 아주 많다. 또한 링크드인에 등록하는 회사 수도 매우 빠른 속도로 늘고 있다. 사실 많은 사람이 유료로 이용할 수 있는 후버사의 회사 프로필보다 링크드인 회사 프로필이 훨씬 더 효과적이다.

회사 프로필 페이지의 좌측 상단에서 '회사의 종합정보(General Company Information)'와 '회사 로고(Company's Logo)'를 볼 수 있다. '요약(Summary)' 아래 '추가(More)'를 클릭하면 그 회사 프로필의 '전문분야(Specialties Section)'가 보일 것이다. 이미 '개인 프로필의 전문분야(Specialties Section of an Individual's Profile)' 부분에 대해서는 설명을 했다. 그와 마찬가지로 이 부분에 적절한 키워드를 입력하면 회사가 링크드인 사용자들로부터 검색될 가능성이 크게 높아진다. 화면 우측 하단에는 회사의 담당자가 입력했거나, 링크드인이 공개된 정보를 수집해서 모은 '회사현황(Company Statistics)'을 볼 수 있다.

아래 목록은 회사의 링크드인 페이지에서 확인할 수 있는 정보의 완전한 목록은 아니다. 하지만 이것은 내가 유용하다고 생각하는 몇 가지 항목이다. 특히 경쟁업체가 어떤 일을 하는지 자세히 알고 싶을 때나, 잠재고객과 신입사원을 검색할 때 아주 유용하다. 이 목록 대부분은 회사 프로필 오른쪽에 있는 '[회사명] 사원에 대한 통찰력 있는 통계자료를 확인해보세요'를 클릭하면 볼 수 있다.

- 당신의 인맥에 있는 모든 사원 목록
- 링크드인 계정을 갖고 있는 총 사원수
- 회사의 모든 신입사원 이름
- 회사 프로필 맨 위쪽의 '커리어(Careers)' 탭을 클릭하면 볼 수 있는 링크드인에 현재 게시된 구인광고 목록
- 최근 진급해 '링크드인 계정(LinkedIn Accounts)'을 업데이트한 사원의 새로운 직함
- 최근 퇴직한 직원의 이름
- 사원의 거주 지역 목록
- 가장 많이 추천을 받은 사원 목록
- 사람들이 검색한 다른 회사 프로필 목록
- 사원들이 우리 회사에 오기 전후에 근무한 회사 정보

또한 회사 프로필 페이지에서는 회사 사원과 관련한 다음 사항을 포함한 통계 그래프를 볼 수 있다.

- 업무기능 구성(예를 들어 총무부, 연구개발부 사원 비율)
- 근무 기간
- 소지한 학위
- 출신 대학 현황

내가 10대였다면 단순히 "무슨 정보가 이렇게 많아!"라고 말했을 것이다. 그렇다! 여기 제시된 모든 정보는 전부 쓸모 없을지도 모른 다. 하지만 전반적인 기업의 현황, 과거와 현재의 직원 현황, 관련 직 원과 연락 방법에 대해 입수 가능한 정보의 가치를 깨닫는다면 목표 달성에 필요한 정보와 함께 전략을 짤 수 있을 것이다.

계속 관심을 갖는 기업이나 단체를 확인한 다음에는 어떻게 될까? 링크드인은 그 회사의 프로필 페이지에 어떤 변동이 있을 때마다 당 신에게 알려준다. 회사 프로필 페이지 우측 별 표시 옆에 있는 '[회사 명] 팔로우하기(Follow [Company Name])'를 클릭하라. 그러면 그 회사 페이지에 어떤 변동이 있을 때마다 인맥 업데이트의 한 부분으로서 통보를 받게 된다. 이 기능은 얼핏 보면 누군가를 스토킹하는 것과 비 슷한 느낌이 든다. 이 기능은 현재 고객과 잠재고객, 경쟁자 또는 단 체, 사원 채용과 같은 목표를 지속적으로 파악하게 하는 아주 효과적 인 방법이다.

당신은 이미 링크드인 인물검색에서 많은 장점을 발견했을 것이다. 마찬가지로 회사 검색도 많은 장점이 있다. 비즈니스를 성공으로 이 끄는 데 활용할 수 있는 기능이 아주 많다. 예를 들어 거주하는 지역 의 사무용가구 대리점을 찾는데, 그 대리점에서 인테리어 디자인 서 비스도 받고 싶다고 가정해보자. 당신은 '회사명(Company Name)'이 나 키워드 상자(Keyword box)에서 '사무용가구'와 '인테리어 디자인' 을 입력할 것이다. 지역으로 검색 범위를 좁히려면 위치의 '풀다운 메뉴(Location pull-down Menu)'에서 '지역범위 또는 근처(Located in or Near)'를 선택한다. 그런 다음 국가와 우편번호를 추가로 선택할 수 있다. 비즈니스 분야, 특정 규모의 회사, 1촌 혹은 2촌 인맥이 일하는 회사, 링크드인에 구인광고를 낸 회사 등으로 범위를 좁혀가면서 검색결과를 수정할 수 있다.

만일 당신이 회사 프로필을 링크드인에 등록하는 책임자라면 어떻게 하면 좋을까. 링크드인의 회사 홈페이지로 가서 그 페이지 우측 상단에 있는 '회사 추가(Add a Company)'를 클릭함으로써 시작할 수 있다. 그 다음 링크드인과 구글에서 공유하게 될 회사의 모든 정보를 입력하면 된다. 회사의 링크드인 프로필은 누군가가 구글을 사용해서 검색할 때 보여지며 수차례 검색 목록의 상위에 오를 것이다. 반드시 회사의 링크드인 프로필을 세심하게 입력해 회사 소개가 아주 긍정적이면서 전문적인 방식으로 게시될 수 있게 하라.

♣ 소셜미디어 정책과 절차
(Social Media Policies Procedures)

소셜미디어는 개인뿐 아니라 기업에게 수없이 많은 비즈니스 기회를 만들어준다. 기업의 대표이거나 조직의 정책과 절차를 담당하는 사람이라면 가장 먼저 무엇을 해야 할까? 가장 먼저 회사가 이러한 새로운 소셜미디어를 수용하고 활용할 것인지를 결정해야 한다. 또한 소셜미디어를 수용하고자 한다면 소셜미디어에 대한 일련의 회사 정책을 어떻게 효율적으로 수립할 것인지도 결정해야 한다. 누구도 새로운 정책이 추가되는 것은 원치 않을 것이다. 훌륭한 소프트웨어를 사용하는 것은 성공을 안겨줄 수 있지만 반대로 부적절하게 사용할 때 막대한 비즈니스 손실을 안길 수 있다. 그렇기 때문에 이 부분과 관련된 정책을 잘 수립해야 하는 것이다.

나는 강연에서 기업과 소셜미디어에 관련된 질문을 점점 더 많이 받는다. 링크드인에 회사를 공식 등록할 때 반드시 다음 항목을 고려하라.

1. 근무시간에 링크드인을 사용하는 것에 대해 어떤 규칙을 세울 것인가?
2. 회사 프로필 페이지에서뿐 아니라 회사를 언급하는 각각의 프로필 페이지에서 소비자들과 어떤 브랜드 메시지를 공유하고 싶은가?
3. 사원 프로필에 어떤 키워드나 설명이 포함되기를 원하는가?
4. 사원들이 거래처나 고객들로부터 '추천'을 주고받는 것을 허락하겠는가?
5. 사원들 간에 상호 추천하는 것을 허락하겠는가?

이러한 질문에 대해 깊이 생각해보면, 한편으로 과연 소셜미디어에 뛰어들 가치가 있을까라는 의구심이 들지도 모른다. 하지만 낙담하지 마라. 점점 더 많은 기업이 소셜미디어를 고객과 사원, 비즈니스 파트너와의 소통에 효과적으로 활용함으로써 시장점유율을 높이고 있다. 당신 또한 회사가 뒤처지기를 원치 않을 것이다. 단지 이러한 흐름에 있어 회사가 소셜미디어 영역에서 잘 적응하도록 충분한 지식을 갖고 있으면 된다.

먼저 링크드인, 페이스북, 트위터 등과 같은 소셜미디어를 활용해 회사를 지속적으로 홍보할 수 있을까? 가장 먼저 이 점을 논의할 사람부터 불러 모아라. 그런 다음 소통을 위해 전략에 소셜미디어를 포함해서 논의하라.

사원들이 회사에 대한 의견을 제시할 때는 자신만의 방식을 주장할 수 있다. 그래서 회사에 담고자 하는 메시지가 일관성을 잃을 수 있다. 링크드인이나 다른 소셜미디어 사이트들은 기업보다는 개인에 맞춰 설계되어 있다. 따라서 사원이나 동료로 팀을 구성해 함께 전략을 수립하는 것이 좋다. 이러한 노력은 회사가 온라인에서 더욱 강력하고 오랜 기간 동안 성공을 거두는 데 큰 역할을 한다.

아마도 당신은 페이스북 세대의 젊은이들에게 이 부분에 대해 조언하는 것을 매우 즐기게 될 것이다. 젊은이들은 '소셜네트워킹'이라면 죽고 못 사는 경향이 있다. 심지어 그것을 다루는 것은 일로 여기지도 않을 정도이다. 반대로 비 페이스북 세대는 소셜네트워킹이 시간 낭비이며 막연한 두려움만 준다고 여긴다. 게다가 노력으로 얻어지는 결과에 대해 잘 이해하지 못할 수도 있다. 그러므로 당신이 조직할 팀은 이러한 임무에 최선을 다할 준비가 되어 있고, 홍보와 마케팅을 위해 '고차원적인' 전략 수립을 즐길 수 있는 사람들로 구성해야 한다.

파워 공식 응용

　- 회사 사원의 1촌 숫자만 더해도 엄청나다. 그들과 당신 말고는 회사 검색 순위를 향상시킬 만한 것도 없다. 검색 순위를 올릴 다른 방법은 바로 자신만의 인맥을 구축하는 것이다.

　- 회사 프로필의 '전문분야' 부분에는 개인의 프로필 '전문분야'에 기입한 것과 동일한 일부 키워드를 반드시 기입해야 한다.

　- 회사 프로필의 '미리보기(Overview Section)'에 담는 회사만의 특별한 이야기를 과소평가하지 마라. 이야기는 어떤 사람이 당신과 인맥을 맺기 전에 보는 유일한 최소의 정보가 될 수 있다. 그 이야기를 1억 명의 사람들이 검색하는 데이터베이스에 무료로 게시한다고 생각해보라. 이제 그 힘을 실감하겠는가?

Chapter 15

링크드인 활성화를 위한 그룹 가입

링크드인 그룹의 힘

'소셜네트워킹(social networking)'이란 사람들이 오가며 정보를 공유하고 '공동체'를 형성하는 것으로, 링크드인도 예외가 아니다. 링크드인 '그룹 기능(Group Function)'은 비즈니스 분야, 지역 또는 전문분야에 있는 사람과 교류를 가능케 하는 가장 효과적인 도구 중 하나다. 내가 조사한 결과에 따르면 링크드인 사용자들은 그룹 기능을 링크드인의 핵심 기능 중에서 두 번째라고 답했다(응답자들은 '인물검색 기능People Searching'을 1위로 택했다).

링크드인 그룹에는 매우 쉽게 가입할 수 있다. 성공적인 비즈니스를 위해서는 50여 개 정도 그룹에 가입할 것을 권한다. 이번 장에서는 그룹에 가입해야 할 가장 매력적인 이유를 설명한다.

1. 다른 사람들이 당신을 찾을 수 있다.

2. 유사한 관심사를 갖고 있거나 제휴를 한 다른 사람을 찾을 수 있다.

3. '고객', '납품업자', '공급업자'가 많은 시간을 보내는 그룹에 가입하면, 그들과 소통하면서 자료와 전문지식, 행사를 공유할 수 있다.

4. 모든 그룹에는 회사 구인광고 탭이 있기 때문에 취업 기회를 얻을 수 있다.

5. 그룹 모든 사람이 볼 수 있는 질문에 답하거나 흥미를 끄는 글을 올림으로써 그룹에서 인정받는 전문가가 될 수 있다.

6. 사람들은 그룹에서 자신이 속한 분야의 행사에 대해 이야기를 나눈다. 이는 당신이 관심을 갖는 분야의 행사를 찾는 데 도움이 된다.

7. 같은 관심사를 갖는 사람들에게 당신이 주최하는 행사를 홍보할 수 있다.

8. 공식적으로 인맥을 맺고 있지 않은 그룹 내의 사람을 검색하거나 그들과 소통할 수 있다.

종종 8번을 잘 이해하지 못하는 사람이 많다. 사례를 들어 설명하겠다. '링크업 밀워키Link Up Milwaukee(그림 15.1 참조)' 그룹을 살펴보자. 회원으로 7,745명이 가입되어 있음을 볼 수 있다. 이 그룹은 이

그림 15.1 대형 그룹이 제공하는 검색의 힘을 활용한다

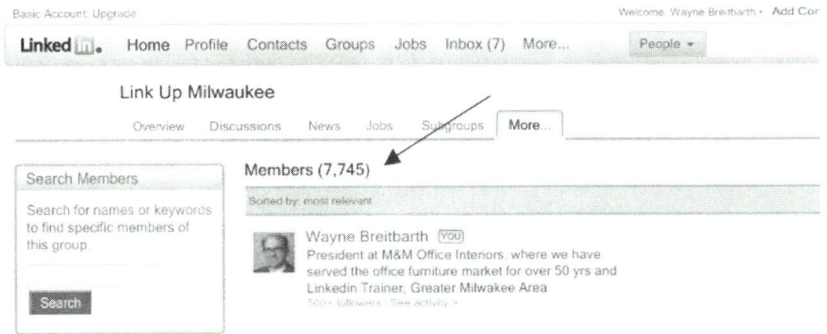

지역에서 가장 크다. 사업적으로 높은 가치를 갖는 사람을 찾고 싶을 때가 있을 것이다. 그렇다면 규모가 더 큰 그룹일수록 더 많은 링크드인 회원을 검색할 수 있게 한다. 그룹 검색은 당신을 정치가 수준의 인맥 구축으로 향상시키는 가장 강력한 도구다. 나는 링크업 밀워키 그룹에 가입해 7,745명의 회원을 키워드로 검색했다. 그런 다음 만나고 싶은 사람을 직접 만나거나 연락을 취할 수 있었다.

　나는 링크업 밀워키의 회원이다. 비록 그룹 회원의 인맥을 볼 수 있거나, 그들처럼 1촌이 갖는 특권을 누리지는 못하지만 그들 모두에게 직접 e메일을 보낼 수는 있다. 이러한 그룹은 전통적으로 쓰이는 전화나 e메일 혹은 우편물을 넘어서 사람들과 새로운 관계를 맺는 기회를 제공한다.

나는 링크드인 그룹이 아주 유용하다고 생각한다. 하지만 같은 링크드인 그룹에 가입되어 있다는 이유만으로 사람들에게 나의 인맥에 가입하라고 요구하지는 않는다. 당신도 그런 종류의 초대를 받게 될 것이다. 하지만 누구든 잘 알고 신뢰하는 사람과 인맥 맺기를 원한다는 사실을 기억해야 한다.

앞서 언급한 것처럼 당신은 50개 정도의 그룹에 가입하려고 노력해야 한다. 이렇게 많은 그룹에 가입하라고 권유하는 이유가 있다. 왜냐하면 각각 다른 유형의 그룹은 각각 다른 목적을 갖고 있어서다. 링크업 밀워키 같은 그룹은 회원수가 매우 많다. 가입하게 되면 검색에 매우 효율적이다.

그 다음으로는 '구체적인 사업분야(Specific Industry)'라는 그룹이 있다. 당신은 특정 전문분야에 초점을 맞춰 '전국(National)', '지역(Regional)', '현지(Local)' 그룹에 가입하고 싶을 것이다. 예를 들어 회계사라면 7,000명 이상의 회원을 보유한 전국 단위 그룹인 'CPA'에 가입할 수 있다. 이 그룹에 가입하면 전국적인 행사, 세미나, 비즈니스 경향에 대한 정보를 얻을 수 있다. 만일 위스콘신 주에서 회계사 일을 하고 있다면 1,000명 이상의 회원이 있고, 회계 주제와 관련된 위스콘신 주의 상정안과 같은 지역 정보를 얻을 수 있는 'WICPA (Wisconsin Institute of CPAs)'에 가입할 수 있다. 현지 그룹으로는 50명 이상의 회원을 비롯해 아이디어와 직업적인 경험을 공유하는 '밀워키 & 워키쇼 지역 회계전문가(Milwaukee & Waukesha Area Accounting

Professionals group) 그룹에 가입할 수 있다.

회사가 비영리단체를 위한 회계전문 회사라면 '논프로핏 미드웨스트(NonProfit Midwest : 350명 이상의 회원 보유)'에 가입할 수 있다. 가입 후에는 지역에서 사업을 하는 잠재고객의 확인이 가능하다. 당신이 가입하게 될 50개의 그룹은 전략과 상품, 서비스를 제공하는 지역에 따라 달라진다.

꼭 가입해야 할 그룹 유형은 다음과 같다.

- 유유상종 그룹 : 동창회, 상공회의소, 동호회, 종교 단체, 취미 그룹 등.
- 동종 사업 분야의 그룹(당신의 속한 지역 안팎으로).
- 링크드인 또는 다른 소셜미디어 사용자 그룹(이 그룹들은 상호간에 소셜미디어 사이트를 보다 효율적으로 활용할 수 있도록 돕는다).
- 지역의 초대형 그룹들(링크업 밀워키와 같은).

다수의 커뮤니티에 가입하면 몇몇 규모가 큰 그룹에서 주최하는 일정에 관한 e메일 공지가 달갑지 않을 수도 있다. 이러한 대형 그룹에서 열리는 대부분의 행사 주제는 당신의 관심을 끌지 못할 것이다.

예를 들어 위스콘신에서 가입할 만한 아주 인기 있는 그룹으로는 '그린베이 패커스 팬그룹(Green Bay Packers Fans group)'이 있다. 이 그룹 회원은 2,300명이 넘기 때문에 강력한 검색 파워를 제공한다. 그러

그림 15.2 e메일 공지 수락 여부를 결정할 수 있다

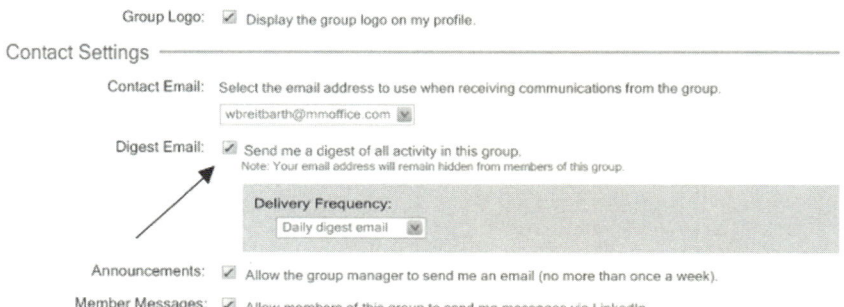

나 이곳에서 계속 언급되는 미식축구 선수 브렛 파브(Brett Farve) 이야 기에 관심이 없다면 분명히 e메일 공지를 차단하고 싶을 것이다. '그 룹 설정란(Group's Settings Section)'(그림 15.2 참조)에서 설정을 바꾸면 e메일 공지를 차단할 수 있다. 그러나 내가 계속 지켜보고 싶어 하는 그룹의 e메일 공지는 반드시 계속 받을 수 있도록 설정해야 한다.

또 키워드를 사용해 그룹 명단을 검색할 수 있다. 툴바 맨 위쪽에 있는 '그룹(Groups)'의 풀다운 메뉴에서 '그룹명단(Groups Directory)' 을 선택하라. 검색 상자는 좌측 상단에 있다.

링크드인의 다른 메뉴와 마찬가지로 그룹 기능을 성공적으로 활용 할 수 있어야 한다. 그래야만 링크드인을 통해 성취하고자 하는 바를 결정하고, 이를 전략적으로 달성할 수 있다. 또한 다양한 커뮤니티에

가입함으로써 링크드인의 활용 능력을 높이고 영향력을 확대하는 것도 가능하다.

파워 공식 응용

　- 만약 당신이 인맥을 구축하려고 열심히 노력해 왔다면, 분명
다양한 그룹에 가입했을 것이다. 이 같은 그룹이 당신만의 인맥을
맺게 해주었을지 모른다. 또한 이러한 관계를 통해 링크드인에서
1촌 인맥으로 발전할 수 있다. 그리고 이곳에서 도움을 줄 인맥을
찾거나, 검색 능력을 향상시키는 링크드인 사용자를 만나게 된다.

Chapter 16

돈을 보여줘!

파워 공식 사용자는 링크드인에서 무엇을 하는가?

나는 링크드인에 들인 노력에 따라 괄목할 만한 성과를 얻는 사람을 '파워 사용자'라고 말한다. 파워 사용자의 공통점은 잘 짜여진 전략을 갖고 있고, 그 전략을 일관되게 수행한다는 점이다. 이들은 링크드인의 많은 기능을 효과적이면서 창의적으로 활용한다. 그렇게 함으로써 링크드인의 활용을 극대화하고, 구체적인 목표(많은 경우에는 목표를 초과 달성한다)를 달성한다.

나는 링크드인 사용자가 링크드인으로 얻는 구체적인 이점에 대해 사람들의 의견을 듣는 기회를 자주 갖는다. 대부분의 사용자는 링크드인을 통해 얻은 인맥 수에 대해 선뜻 대답한다. 하지만 어떤 사용자는 구체적인 결과에 대해 잘 언급하지 않는다. 링크드인 사용 전략에 대해 질문을 하면 단지 "글쎄요, 많은 인맥을 추가했어요"라는 답변 뿐이다.

링크드인 사용에 있어 분명한 계획 없이 인맥만을 추가해서는 안된다. 이는 내가 꼭 필요로 하는 사람을 찾고자 할 때, 어떠한 전략 없이 물리적인 만남을 갖는 것만큼이나 비생산적이다. 인맥 추가나 프로필 개선에 시간을 투자하기에 앞서 링크드인을 활용하려는 목적이 무엇인지 정확히 따져보아라.

다음은 링크드인 전략을 수립할 때 질문해야 할 핵심 리스트이다.

– 과연 링크드인은 일자리를 찾는 데 도움이 될까?
– 관련 비즈니스 분야의 인맥 구축에 도움이 될까?
– 현재 고객이 더 많은 고객을 끌어올 수 있도록 고객과의 관계 활성화에 도움이 될까?
– 공급업자와 인맥을 넓혀 내가 지금보다 더 많은 상품이나 서비스를 제공할 기회를 얻을 수 있을까?
– 나에게 강연 기회를 제공할 수 있는 새로운 그룹이나 협회를 찾을 수 있을까?
– 특정 분야의 구체적인 전문지식이나 커리어를 갖춘 직원을 고용할 필요가 있을까?
– 링크드인은 내가 전문가의 한 사람으로 비즈니스 업계에서 인식되도록 나를 도울 수 있을까?

– 나의 브랜드와 전반적인 신뢰도를 시장에서 향상시킬 수 있을
까?

이 목록이 완벽한 것은 아니지만 링크드인에서 뚜렷한 성과를 얻을
수 있도록 전략을 세우는 데 도움이 될 것이다. 나는 링크드인 사용
목적의 윤곽을 잡기 전에는 링크드인이나 다른 소셜미디어 사이트를
이용해서는 안 된다고 생각한다. 그러나 일단 목표를 정했으면 목표
를 이루는 데 도움이 되는 최고의 전략을 세우면 된다.

나는 링크드인 사용자와 나눈 수많은 대화와, 1년에 두 번 실시하
는 여론조사를 통해 사람들이 성과를 얻기 위해 링크드인을 어떻게
사용하는지 알게 됐다. 나는 그 정보를 한데 모아 활용할 수 있도록
10단계 목록을 만들었다. 이 목록은 비즈니스를 확대하고 관계를 더
욱 돈독히 하여 전반적인 링크드인 사용의 효율성을 높여준다.

링크드인 활용에 있어 그 중요성이 강조되는 10가지 방법은 다음과
같다.

1. 회사 직원을 동영상으로 촬영한다. 디자이너, 수리공 등 '직원이
   일하는 모습'을 영상으로 촬영하면서 그들에게 회사에서 일할
   때 자신의 일을 얼마나 중요하게 느끼는지 질문을 던져라. 그런
   다음 완성된 동영상을 링크드인 프로필에 있는 '슬라이드셰어
   (SlideShare)'나 '구글 프레젠테이션 애플리케이션(Google

Presentation Applications)'에 올려라. 혹은 당신과 회사 고객의 인터뷰를 영상으로 찍어서 올려도 좋다.

2. 출장을 떠나기 전에 방문하려는 지역에 대해 키워드 검색을 하라. 그런 다음 1촌 중에서 그 지역에 연락처를 두고 있는 사람이 있는지 알아보라. 그 사람 덕분에 아이디어를 공유할 수 있는 인맥을 1~2명 더 알게 될지도 모르는 일이다. 9장에서 설명한 것처럼 '행사일정 관리(Events)' 애플리케이션을 활용해, 방문할 지역에서 열리는 행사도 미리 알아볼 수 있다.

3. 같은 지역에 살고 있는 동일한 비즈니스 분야의 회원(또는 당신과 동일한 일부 비즈니스 분야의 회원)으로 구성된 당신만의 링크드인 그룹을 만들어라. 그 그룹을 비밀 그룹으로 설정한 다음, 그룹에 가입할 수 있는 사람을 당신이 지정하도록 설정한다. 일단 그룹을 만들었다면 회원과 유용한 정보나 아이디어를 공유하면서 꾸준히 그룹을 활성화시킨다. 회원들이 직접 얼굴을 보는 행사를 1년에 한두 번 여는 것도 좋다. 가능하면 이러한 행사가 당신의 비즈니스를 제대로 홍보하는 광고 역할을 하게 만들어라. 링크드인을 사용하는 중요한 목표 중 하나는 통찰력을 가진 리더의 모습을 보여주는 것이다. 이 목표를 이루는 데 있어 능동적인 그룹을 이끄는 것은 꼭 필요한 단계다.

4. 서로 안면이 있는 사이지만 상대와 더 넓고 깊은 관계를 맺고자
   한다면 추천글을 써라.

5. 당신의 비즈니스 분야에 전문적인 정보를 주는 기사나 웹사이트
   를 꾸준히 방문하라. 이 게시물을 '슬라이드쇼(SlideShow)' 영상
   이나 '박스넷파일(Box.net files)'에 올려 관심이 있는 회원이 실시
   간으로 보게 하라. 새로운 게시물을 올릴 때마다 모든 1촌에게
   프로필에 게시된 새로운 항목을 공지해준다. 만일 그 항목이 특
   히 중요한 것이라면 당신의 프로필로 직행하게 될 것이다.
   　예를 들어 내 박스넷파일 중에서 '무엇이 훌륭한 직장을 만드
   는가?'라는 제목의 PDF 파일이 하나 있다. 나는 여기에 "아래에
   있는 제 박스넷파일을 열어보면 무엇이 훌륭한 직장을 만드는가
   에 대한 유용한 기사가 있으니 한번 읽어보세요"라고 추가 설명
   을 넣었다. 이렇게 하면 글을 읽는 사람들에게 나의 전문성을 어
   필함과 동시에 그들을 돕고 싶어 하는 마음을 보여줄 수 있다.

6. 매주 1촌 인맥 중 한 명으로부터 다른 사람을 소개받겠다는 목표
   를 세워라(링크드인을 사용하거나 구식의 방법을 통해서라도). 그러나
   전략적인 검색을 통해(2촌 인맥 정도만 바라자) 필요한 고객을 소
   개받아야 한다.

7. 주요 키워드로 저장해두는 검색목록 구성은 매우 중요하다. 링크드인은 검색목록을 통해 검색 기준에 해당하는 적절한 인맥을 알아낼 수 있다. 예를 들어 건축가들은 사무용가구의 배치가 적합하도록 건물을 설계해야 한다. 그래서 나는 항상 건축과 관련된 커뮤니티 회원과 새로운 관계를 맺기 위해 노력한다. 그렇기 때문에 내가 속한 지역 시장을 목표로 하는 '건축가'와 '건축학'이라는 '키워드가 저장된 검색목록(Saved Search with the Keywords)'은 내 미래의 비즈니스 기회로 연결될 가능성이 크다.

8. 중요한 1촌 중에서도 전략적으로 따졌을 때 우선순위 인맥을 일주일 간격으로 검토하라. 내가 아는 사람 중 우연한 기회로 나와 의형제가 된 생명보험 설계사가 있다. 그는 내가 아침 겸 점심을 먹을 때마다 끊임없이 사람을 소개해 달라고 끈질기게 요청했다. 하지만 이제 나는 링크드인 덕분에 우리 아이들과 취미생활을 즐기거나, 옛 시절을 추억하면서 여유롭게 시간을 보낸다.

   왜냐하면 그는 언제라도 원하는 때 내 1촌을 볼 수 있기 때문이다. 어떤 사람은 다른 사람이 자신의 1촌을 볼 수 없도록 설정한다. 이렇게 되면 당신의 인맥 안에 있는 모든 사람과 인맥을 확대시킬 기회를 놓칠 수 있다. 링크드인에서 '기본값 설정(Default Setting)'을 해놓으면, 당신의 인맥 안에 있는 모든 1촌을 볼 수 있다.

9. 처음 만난 누구라도, 심지어 전화통화만 한 사람일지라도 그 사람의 프로필을 인쇄해 놓아라. 그 사람의 비즈니스와 전문분야를 파악하기 쉽고, 첫 대면 시 어떤 말로 대화를 시작해야 할지, 또 공통의 관심사는 무엇인지 알 수 있다. 대부분 각 분야의 전문가들은 비즈니스와 관련된 논의로 들어가기 전에 언제나 개인적인 만남을 통해 사람들과 친해질 방법을 찾는다.

전문가들은 모든 정보를 자신의 프로필에 써 놓는다. 자신의 관심사와 비즈니스 성취를 자랑스러워하고, 다른 사람이 질문하기를 원해서다. 그러므로 만날 사람의 프로필을 미리 보자. 그러면 상대를 단순히 잠재적 비즈니스 파트너로만 보는 것이 아니라 한 인간으로서 배려했다는 느낌을 줄 수 있다.

10. 홈페이지 맨 위쪽 상자에 '업데이트 공유(Share an Update)' 부분을 활용해 매주 서너 번 당신의 상태를 업데이트하라. 트위터와 유사한 이 기능은 링크드인 인맥에게 간단한 업데이트 정보를 공유하게 한다. '상태 업데이트(Status Update)'는 e메일로 발송되지 않으므로 사람을 성가시게 할 수 있다는 우려는 하지 않아도 된다. 이 상자 안에 입력한 내용은 인맥을 맺은 사람들의 개인 화면인 '인맥활동란(Network Activity Column)'에서만 볼 수 있다. 어떤 사람들은 인맥의 활동을 보여주고, 매주 한 번 발송되는 e메일 서비스를 받는다. 그리고 이 사람들도 e메일을 통해

당신의 업데이트를 확인할 수 있다. '상태 업데이트'는 링크드인이 갖는 가장 중요한 기능 중의 하나다. 당신의 인맥에서 다음의 항목을 공유하려면 이 기능을 활용하라.

- 참석할 행사
- 유용한 웹사이트나 기사
- 전문지식을 보여주는 간단한 조언이나 제안
- 최근에 만난 사람들로부터 얻은 특별한 이야기나 아이디어
- 인맥에게 여론을 묻기 위한 질문
- 취업 기회에 관한 문의

시간을 들여 당신의 인맥에 포함된 사람들의 '상태 업데이트'를 확인하라. 그러면서 주로 무엇을 공유하는지 살펴보자. 나는 '상태 상자(Status Box)'를 여러 가지로 활용한다. 최근 어느 금요일 오후에 내 비서가 열흘 후에 시작되는 한 프로젝트에 남자 도우미 4명이 필요하다고 알려 왔다. 내 인맥은 대학생 나이의 아들을 두고 구직에 항상 관심이 많은 50대의 사람들로 꽉 차 있다. 프로젝트에 관한 글을 내 '상태 업데이트'에 올렸다. 45분 후에 필요한 경비까지 지불하겠다는 부모로부터 5명의 건장한 청년을 소개받았다. 나는 이 '상태 상자'를 활용해 내 딸의 여름 아르바이트 자리를 구한 적도 있다. 또한 행사를 주최하던 비영리단체

의 천막 설치 작업을 돕기도 했다.

그러나 링크드인은 비즈니스 관련 사이트이므로 이 도구는 개인적인 요구를 최대한 자제할 것을 권한다. 당신 인맥에 있는 많은 사람은 개인적으로나 직업적으로 기꺼이 도울 것이다. 그렇다 해도 그들의 '인맥 활동(Network Activity Column)' 부분에 너무 많은 문의로 채우지 말아야 한다.

이제 당신은 링크드인 사용자가 가장 유용하면서 효과적이라고 생각하는 10가지 활용법을 배웠다. 링크드인 전략에 이 10가지 모두를 사용해도 좋고, 단순히 개인적인 인맥 구축 목표에 잘 맞는 몇 가지만 집중적으로 사용해도 된다. 그러나 어떤 경우든 비즈니스를 확장시키고 전반적으로 인맥을 넓히는 데 링크드인을 효율적으로 사용할 수 있게 될 것이다.

Chapter 17

계정 및 설정 – 나만의 방식

자신의 기호를 설정하고 링크드인 헬프센터 활용하기

링크드인이 기능보다는 문제해결과 학습부분에 있어 많은 자료와 사용자 컨트롤을 폭넓게 제공한다는 사실을 깨달았을 것이다.

'계정 관리(Account Controls)'의 다양한 기능을 효과적으로 사용해보자. 링크드인 화면 우측 상단에 있는 당신의 이름 아래 '설정(Settings)'을 클릭하라. 설정 페이지에는 링크드인 계정을 개설하고, 여러 기능을 켜고 끄고, 링크드인 계정을 확장하는 등 모든 설정을 가능하게 하는 '컨트롤 패널(Control Panel)'이 있다. 이외에도 살펴볼 만한 설정이 많지만 대다수의 설정은 설명이 따로 필요하지 않다. 독자가 미리 알아 둘 필요가 있는 설정과 사람들이 가장 많이 궁금해 하는 설정에 대해 살펴보자.

- **공개 프로필(Public Profile)** | '프로필 설정(Profile Settings)' 아래에서 찾을 수 있다. 공개 프로필 항목을 설정하면 링크드인을 사용하지 않는 사람도 인터넷에서 이름을 검색해 당신의 '링크드인 공개 프로필(Public LinkedIn Profile)'을 확인할 수 있다.

- **메시지 수신(Receiving Messages)** | 'e메일 공지(Email Notifications)' 아래에서 찾을 수 있다. 이 설정에서는 링크드인으로부터 어떤 종류의 e메일을 받을 것인지 또 그 횟수는 어떻게 설정할 것인지 조절할 수 있다. 예를 들어 인맥 활동 요약에 대한 메일, 또는 당신이 속한 그룹의 토론과 관련한 e메일이 있다. 이 e메일의 수신 횟수에 대해서는 '변동사항이 있을 때마다 바로', '일주일에 한 번' 또는 '받지 않음'을 선택할 수 있다.

- **그룹 순서와 디스플레이(Groups Order and Display)** | '그룹(Groups)' 아래에서 찾을 수 있다. 이 설정은 프로필에 그룹의 로고들이 어떻게 나타나는지, 또 그룹을 어떤 순서로 배열할지 조정할 수 있다. 그룹 목록 상위에 특정 그룹을 배치하면 당신 프로필의 신뢰도와 개인 브랜드 가치를 높이는 데 도움이 된다. 만약 당신이 어떤 특정 그룹이나 협회에 가입한 사실 때문에 기존 고객이나 잠재고객층 일부가 사라지면 그 그룹의 로고를 없애야 한다. 나는 특히 정치나 종교에 관련된 그룹에 가입한 사용자가

이렇게 하는 경우를 많이 보았다.

- **e메일 주소들(Email Addresses)** ㅣ 현재 갖고 있거나 과거에 갖고 있던 모든 e메일 주소를 링크드인 계정에 확실하게 연계해야 한다. 옮기는 과정을 이 설정으로 클릭해서 간단하게 해결할 수 있다(이 설정은 '개인정보Personal Information' 아래에서 찾을 수 있다). 주로 쓰는 e메일 주소(링크드인 e메일들이 수신되는 주소)를 사용하지 않는 주소로 잠시 변경할 수도 있다. 어떤 사람들은 변경 사실을 잊고 지내다가 다시 링크드인 계정 접속에 어려움을 겪기도 한다.

- **프로필 보기(Profile Views)** ㅣ 이 설정은 '프라이버시 설정란 (Privacy Settings)' 아래에 있다. '누가 내 프로필을 봤을까'에 당신의 직함과 전체 비즈니스 정보가 보이는 대신 이름과 헤드라인을 보이게 하고 싶다면 이곳에서 '내 이름과 헤드라인(My Name and Headline)'으로 설정을 변경하라. 나는 기본 설정을 이렇게 바꿀 것을 추천한다. 이렇게 하면 다른 링크드인 회원보다 앞서 당신의 회사를 소개할 기회가 마련된다. 전형적인 광고에서 우리가 지불하는 클릭 당 비용을 생각해보라. 이건 공짜다!

- **프로필과 상태 업데이트(Profile and Status Updates)** ㅣ '프라이버

시 설정(Privacy Settings)' 아래에 있다. 이 설정을 사용하면 다른 사람에게 내 업데이트를 공지하는 방식을 수정할 수 있다. '기본 값 설정(Default)'은 프로필에 변화를 주거나 누군가를 위해 추천 글을 쓸 때마다 네트워크에 있는 사람들에게 알려준다. 나는 이름과 프로필의 변동사항을 내 모든 1촌에게 알리는 이 기능을 아주 좋아한다. 그러나 당신이 주말에 일하고 있는데 프로필에 너무 많은 변경사항이 생기면 잠시 이 기능을 꺼버리고 싶을 것이다. 최종 변경사항의 업데이트를 마쳤을 때 다시 이 기능을 활성화하면 링크드인은 내 네트워크에 업데이트를 공지한다. 자신의 업데이트에 관심을 갖고 봐주길 바라면서 말이다.

나는 모든 설정을 하나하나 클릭하면서 사용할 수 있는 기능이 있는지 살펴보기를 권한다. 이제까지 사람들이 가장 많이 질문한 설정 위주로 간략하게 설명했다. 그러나 특정 상황에 유용하게 사용할 수 있는 또 다른 설정도 있다. 이러한 설정을 변경할 방법은 많지만 '대시보드(Dashboard)' 형태로 설계되어 있기 때문에 설정 페이지부터 접근하는 것이 가장 쉽다.

♣ 유료 계정 및 무료 계정

사람들은 내게 무료 계정을 사용할지 혹은 유료 계정을 사용할지에 대해 끊임없이 묻는다. 다양한 종류의 유료 계정으로 쓸 수 있는 추가 기능에 대해 간략한 설명을 표로 보고 싶다면, 링크드인의 어느 화면에서든 우측 상단 당신의 이름 아래에서 찾을 수 있는 '설정(Settings)'을 클릭한 후 '계정 종류 비교하기(Compare Account Types)'를 클릭하라(그림 17.1 참조). 다음 경우에 해당된다면 유료 계정으로의 전환을 고려하라.

1. 인사 전문가
2. 채용 담당자
3. 유료 계정으로 업그레이드해야 한다는 화면이 계속 뜨는 사람

만일 유료 계정으로 업그레이드를 제안하는 화면이 계속 뜬다면 현재 자신에게 맞는 무료 계정 링크드인 기능을 충분히 활용하고 있다는 뜻이며, 따라서 유료 계정으로의 전환을 이미 고려하고 있는지 모른다.

예를 들어 '받은 메일함(InMails)', '인맥소개(Introductions)' 또는 '검색저장(Saved Searches)' 기능에서 아쉬움을 느낀다면 링크드인 계정 업그레이드를 고려해야 한다. 나는 보통 위에 제시한 세 가지 항목에 속하지 않은 사람에게는 유료 계정 전환을 군이 추천하지 않는다. 그러나 유료 계정 회원만이 누릴 수 있는 유익하고 새로운 기능은 분명 더 많이 있고, 앞으로도 개발될 것이므로 유료 계정에 투자할 것을 권

그림 17.1 무료 계정 안에 당신이 필요한 모든 것이 있을 수도 있다

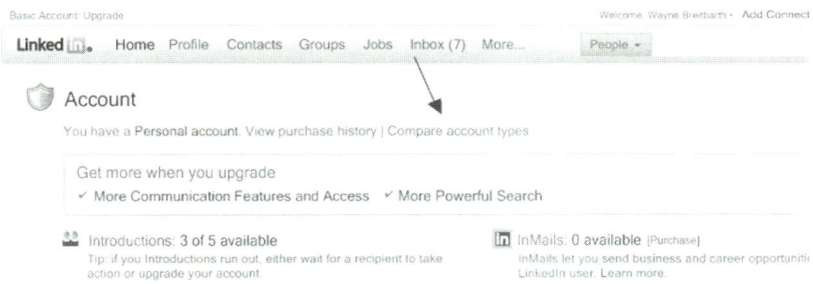

장한다. 나는 '프로필 폴더 설정하기(Setting up Folders for Profiles)' 기능에 관심이 많기 때문에 그 기능을 이용하기 위해 유료 계정 전환을 고려한 적이 있다.

🔗 링크드인 학습센터와 고객 서비스센터

무료 계정을 갖고 있든 유료 계정을 갖고 있든 링크드인은 사이트 내에서 이용 가능한 엄청난 양의 학습자료를 보유하고 있다. 이 자료를 보려면 화면 맨 위쪽 툴바의 '추가(More)'를 선택한 후 '학습센터(Learning Center)'를 클릭하면 된다. 이곳에서 동영상, 조언, 사용자 가이드와 같은 사용지침 프로그램 목록을 볼 수 있다.

링크드인 초보자에게는 학습센터가 특히 중요한 역할을 한다. 그러

나 고급 사용자를 위해서도 폭넓은 정보와 조언을 제공하고 다양한 자료를 자주 업데이트한다.

링크드인에는 또한 '고객 서비스센터(Customer Service Center)'가 있어 누구든 이 기능을 꽤 유용하게 사용할 수 있다. 아래쪽 툴바의 '고객 서비스(Customer Service)'를 클릭하면 얻고자 하는 정보를 검색할 수 있다. 질문의 답을 찾지 못했다면 고객 서비스센터 툴바에 있는 '문의해주세요(Contact us)'를 클릭해 링크드인에 물어라.

내 경험으로는 고객 서비스센터에 질문을 올린 후 2~3일 내에 답변을 받았고, 내가 유료 계정을 갖고 있지 않다는 것을 고려할 때 상당히 놀라운 일이었다. 또한 질문을 할 때마다 받은 답변을 토대로 문제를 잘 해결했다.

링크드인이 제공하는 풍부한 사용자 컨트롤 기능과 유용한 자료를 모두 이용하라. 개인적인 기호를 반영해 설정하면 원하는 수준의 프라이버시 보호 기능도 얻을 수 있다.

Chapter 18

구직자의 새로운 친구

세계에서 가장 큰
인터넷 기반 이력서 데이터베이스

이번 장은 취업시장에 다시 들어가고자 하는 사람이나 현재 하고 있는 일에 변화나 질적인 향상을 원하는 사람, 즉 구직 중인 모든 사람을 위한 장이다. 내가 앞으로 소개할 조언과 전략 중 일부는 앞 장의 내용과 중복될 수 있다. 그러나 이 조언과 전략은 구직자가 링크드인 보물창고를 이해하는 데 큰 도움이 될 것이다. 링크드인은 구직자의 새로운 친구가 될 것이다. 아래와 같은 유용한 기능을 제공하기 때문이다.

– 당신의 이력서는 회사가 그들에게 딱 맞는 구직자 후보를 찾을

때 검색할 수 있는 1억 명의 '훌륭한 이력서' 중 하나가 된다.

- 제5장에서 설명한 바와 같이 프로필에 당신이 보유한 기술과 경력을 아주 상세하게 기록할 수 있다.
- 전문분야에 맞는 직업을 전문적으로 연결하는 채용 담당자를 지역을 불문하고 검색할 수 있다.
- 1촌, 2촌, 3촌 인맥 중에 누가 당신이 목표로 삼고 있는 기업의 사람을 아는지 찾을 수 있다.

나는 그동안 링크드인 강의를 진행하면서 수많은 채용 담당자와 인사 전문가를 만났다. 그들은 하루에도 몇 번씩 링크드인 계정을 체크하는 등 링크드인을 광범위하게 활용한다. 그것은 구직자 역시 링크드인에 매일 상당한 시간을 투자해 당신을 선택했으면 하는 사람들에게 돋보일 수 있도록 당신의 정보를 네트워킹하고 활성화시켜야 함을 뜻한다. 다음의 체크리스트를 이용해 훌륭한 직장을 얻는 데 도움이 될 링크드인의 수많은 기능을 확인해보라.

□ 구직 중임을 헤드라인에 꼭 밝혀라. "유공압 분야의 IT 전문가로서 적극적으로 일자리를 찾고 있습니다"나 이와 비슷한 뉘앙스의 구체적인 문구를 사용하라. 당신의 '친구들'은 당신을 돕길 원한다. 그렇기 때문에 헤드라인에서 현재 구직 중이고 도움을 필요로 한다는 사실을 명확히 드러내야 한다(당신이 용감하다면

"어떤 일자리라도 맡아서 할 수 있습니다"와 같은 헤드라인까지 시도하라).

☐ 현재 직업에 이전 직업을 써놓지 마라. 구직 중인지 아닌지 혼동을 준다. 링크드인은 현재 재직 중인 회사명을 입력하도록 하는데 이게 약간 까다롭다. 그래서 어떤 이들은 현재의 '직업분야(Current Job Field)'에 "현재 이름이 없는 회사에 구직 중입니다"라고 입력하기도 한다. 어떻게 입력해야 할지 잘 살펴보고 가장 좋다고 생각하는 것을 찾으라. 현재 컨설팅 일을 하면서 풀타임 일자리를 구하고 있다면(또는 당신이 '취직하고 있는 것처럼 보이기위해' 현재 직업란에 '컨설턴트'라고 입력해 놓았다면) 풀타임 일자리를 찾고 있는 '파트타임 컨설턴트'로 입력하면 된다.

☐ '요약(Summary)'과 '전문분야(Specialties)' 란에 들어갈 글의 첫 번째 단락은 당신에게 가장 잘 맞는다고 생각하는 일자리에 대해 두서너 문장으로 요약되어야만 하고 프로필의 나머지 상세 설명은 그 주장을 뒷받침해야 한다. 이 단락에서는 글을 읽는 사람에게 당신이 생각하는 직업과 목표에 대해 반드시 분명한 언어로 설명해야 한다. 그래서 당신이 원하는 일을 제공할 사람이 "내가 찾던 사람을 이제야 찾았어!"라고 말할 수 있게 하라.

□ 지원하는 각 일자리마다 반드시 2~3개의 추천을 받아 놓으라. 이 추천글은 구체적이야 한다. 이 추천글을 통해 취업시장에서 다른 사람과 구분될 필요가 있다. 면접을 보기 위해 줄을 서서 기다릴 때 당신의 프로필이 다른 사람의 것과 나란히 인사 전문가의 책상에 올라갈 수 있다. 당신의 추천서는 하나도 없는데 당신 다음에 면접을 볼 사람은 학업 분야에서 받은 추천서뿐 아니라 각 일자리에서 받은 두세 개의 추천서를 합해 20개의 추천서를 갖고 있다고 하자. 그렇다면 면접관은 누구를 뽑을까? 당신이 우위를 차지하고 싶다면 빨리 추천글을 받으라. 추천글은 기대를 저버리지 않는다.

□ 반드시 당신의 '전문분야'를 채용 담당자가 찾을 만한 키워드로 채워라. 구체적인 소프트웨어, 과정, 학위, 전문분야, 훈련과 관련된 용어뿐 아니라 당신의 신뢰도와 교육 정도를 나타내는 단어와 문구를 입력하라.

□ '박스넷파일(Box.net files)', '슬라이드셰어(SlideShare)' 또는 구글 프레젠테이션을 이용해 이력서와 포트폴리오, 당신이 쓴 기사 등의 항목을 올려라. 경력을 간략히 설명하는 슬라이드쇼를 포함시키는 것도 고려해보라. 또한 유튜브에 동영상 이력서를 올리고 프로필에 있는 웹사이트나 '슬라이드셰어(SlideShare)' 또는

구글 프레젠테이션을 통해 동영상 이력서를 링크시키는 것도 좋은 방법이다.

동영상 이력서는 아주 효과적인 툴이며 제작은 간단하다. 캠코더를 구입해(아니면 동영상 촬영이 가능한 휴대전화로) 동영상을 제작하고 컴퓨터에 올리기만 하면 된다. 동영상 이력서는 당신의 성격, 스토리, 열정과 더불어 당신이 최신 기술에도 뒤떨어지지 않는 사람임을 보여준다.

□ 현재 고용주가 당신이 구직 중이라는 것을 알아도 상관 없다면 프로필 맨 아래 '연락처 설정(Contact Settings)'으로 가서 '구직 기회(Career Opportunities)' 옆에 있는 상자를 반드시 체크하라(그림

그림 18.1 당신이 구직 중임을 온 세상이 알게 하라

Opportunity Preferences

What kinds of opportunities would you like to receive?

☐ Career opportunities
☐ Consulting offers
☐ New ventures
☑ Job inquiries

☑ Expertise requests
☑ Business deals
☑ Personal reference requests
☑ Requests to reconnect

What advice would you give to users considering contacting you?

If you are interested in the great professionals from M&M Office Interiors giving you "The Space You Want and The Experience You Deserve" contact me right away. I

Include comments on your availability, types of projects or opportunities that interest you, and what information you'd like to see included in a request. To avoid unwanted contacts, **do not** include contact information, since your response will be visible to your entire network. See examples.

18.1 참조). 많은 인사 전문가와 채용 담당자는 실제로 현재 구직 중인 사람만을 확인하기 위해 이 박스를 체크하지 않은 후보를 걸러낸다.

그림 18.2 링크드인의 방대한 취업정보를 활용하라

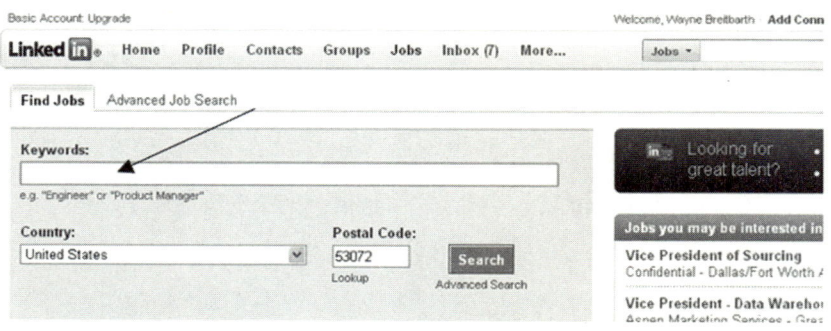

그림 18.3 구체적으로 입력하고 완벽한 일자리를 찾으라

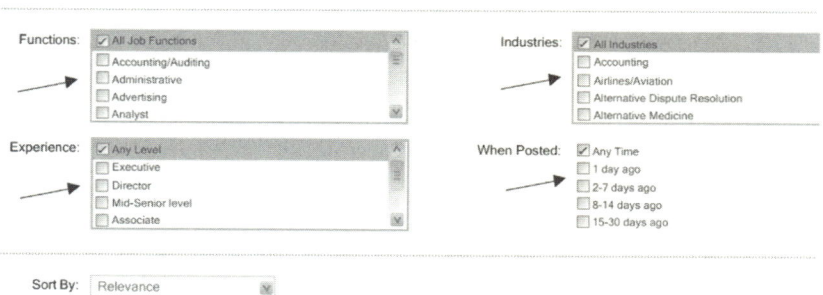

□ 프로필을 100% 채워 기입하라. 40배는 더 효과적인 프로필이 된다.

□ 구직을 위한 검색을 할 때 링크드인 '직업(Jobs)' 부분을 이용하라. 맨 위쪽 툴바의 '직업(Jobs)'을 클릭하면 된다. '직업' 란에서는 링크드인에 직접 게시된 취업정보를 검색할 수 있다.

　'직업' 탭의 '상세검색(Advanced Search)'에 들어가면 키워드(그림 18.2 참조)뿐 아니라 직무, 경력수준, 기타 키워드를 사용해 검색범위를 좁힐 수 있으며(그림 18.3 참조) 10개의 검색 결과를 저장할 수 있다.

□ 링크드인의 '직업(Jobs)' 항목이 주는 대단한 이점이 하나 있다. 관심 갖는 일자리를 검색해 찾아냈을 때, 그 회사에서 일하는 당신의 인맥을 검색할 수 있다. 어떤 일자리가 링크드인에 직접 게시될 때, 종종 그 게시물의 작성자 이름을 확인하고 그 사람이 당신의 인맥인지 찾아볼 수 있다(그림 18.4 참조).

□ 어떤 지원방식(e메일, 팩스, 온라인, 기타 등)으로든 지원을 완료했다면 '상세 인물검색(Advanced People Search)'을 활용해 1촌, 2촌, 3촌 중 당신이 지원한 회사의 사원은 없는지, 혹시 있다면 인사부 또는 지원한 부서에서 일하는 사람이 있는지 찾아보라. 그에

그림 18.4 이름과 직함을 사용하면 '담당자'가 누구인지 찾을 수 있다

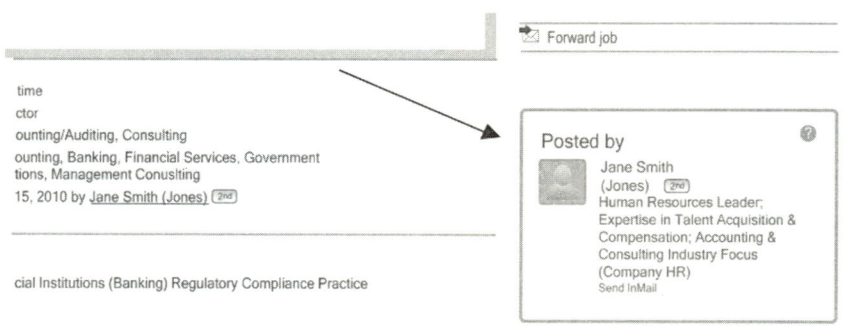

게 연락하면 당신의 이력서가 이력서 더미 맨 위에 놓여질 수도 있다. 인맥을 효과적으로 활용하면 원하는 직장에 들어갈 확률을 크게 높일 수 있다. 당신의 인맥은 기꺼이 당신을 돕는다는 사실을 기억하라.

□ 링크드인의 '잡인사이더(Jobinsider)' 툴도 아주 유용하다. 이 툴은 링크드인 화면 맨 아래쪽 '툴 란(Tools Section)'에서 다운로드 받을 수 있는 '브라우저 툴바(Browser Toolbar)'에 있다. 일단 브라우저 툴바를 다운받으라. 그런 다음 '몬스터(Monster)'나 '커리어빌더(CareerBuilder)' 또는 회사 사이트와 같은 외부 사이트의 구인 게시물로 연결되는 링크를 따라 가라. 그러면 '잡인사이더'가 그 회사에서 일하는 당신의 인맥 연락처를 알려줄 것이며

당신은 그 일자리를 얻는 데 도움을 받을 수 있다.

□ 목표로 삼는 회사의 링크드인 프로필을 보는 것도 큰 도움이 된다. 사원 목록을 보고 당신이 지원하는 직책에 대한 내부 정보와 채용 과정, 그 회사의 문화를 알려줄 사람이 있는지 확인하라. '회사 팔로우하기(Follow Company)' 기능을 사용해 계속해서 그 조직을 지켜보라.

□ 정기적으로(일주일에 2~3번) '링크드인 상태(LinkedIn Status)'를 업데이트해 당신의 인맥에게 여전히 구직 중임을 상기시켜라. 예를 들어 취업박람회 참석 예정이라고 업데이트를 하라. 그러면 인맥에 당신의 이름이 올라가고 도움이 필요하다는 것을 상기시킬 수 있다. 당신의 상태를 계속 알려주면 당신의 인맥이 틀림없이 일자리를 가져다 줄 것이다. 링크드인 상태가 업데이트되는 '상태 상자(Status Box)'는 구직에 큰 도움이 된다.

□ 각 '그룹(Group)'에는 그 커뮤니티와 관련된 취업정보를 게시하는 '직업(Jobs)' 탭이 있다(그림 18.5 참조). 취업정보는 그룹의 어떤 회원이라도 게시할 수 있다. 예를 들어 건설업계 '프로젝트 매니저' 일을 구하는 중이라면 건설 업체와 관련된 그룹에 가입해 '직업(Jobs)' 탭에 게시된 새로운 게시물을 자주 확인할 수 있

그림 18.5 신중하게 그룹에 가입하고 적극적으로 활동하면 직장으로 가는 티켓을 얻을 수 있다

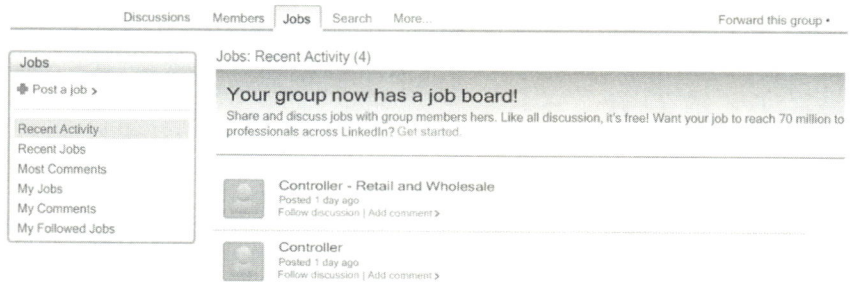

다. 링크드인에서 50개 그룹에 가입한다면 50개의 구인 게시판
이 열리는 것이다. 이 기회를 잘 활용하라.

□ 당신이 몸담았던 분야의 전문지식을 드러내기 위해 '문답란
(Answers Section)'을 활용할 수 있다. 맨 위쪽 툴바에서 '추가
(More)'를 클릭하고 '문답(Answers)'을 선택하면 찾을 수 있다. 이
전에 일했던 분야의 사람 또는 새로 일하기를 원하는 분야의 사
람에게 당신을 표현할 수 있다. 시간을 들여 당신이 관심을 갖고
있는 분야와 관련된 질문에 답변하라. 또한 당신이 생각할 때 사
람들이 관심을 갖고 피드백을 공유할 수 있는 질문을 올려보라.

□ '행사 애플리케이션(Event Application)'을 활용해 사람을 직접 만

나 인맥을 맺으라. 구직 중이라는 것을 사람들에게 상기시킬 수 있도록 매일 일정한 시간은 만남의 기회를 갖는 데 할애하라.

□ 일단 면접 기회를 얻었으면 면접관의 프로필을 인쇄해 대화의 주제로 삼을 만한 공통 관심사 부분이 있는지 살펴보라. 그 면접관이 다른 사람을 위해 쓴 추천글을 살피는 것도 도움이 된다. 추천글을 읽으면 그 면접관이 비즈니스 파트너를 볼 때 어떤 자질을 중요하게 여기는지 알 수 있다. 면접관이 긍정적으로 여기는 자질을 당신이 갖고 있다는 사실을 강조하라.

□ 숙련된 채용 담당자는 구직 기회를 찾는 데 큰 도움이 된다. 링크드인에는 훌륭한 채용 담당자가 많이 포진해 있다. '고급 인물 검색(Advanced People Search)' 기능은 당신의 상황에 가장 잘 맞는 채용 담당자를 찾게 해준다.

현재 구직 상태라면 하루에 몇 시간은 컴퓨터 화면에 링크드인이 떠 있어야 한다. 당신은 이 장에서 살펴본 제안을 실행하기 원할 것이다. 또한 링크드인에서 누가 누구를 만나는지 파악하고, 구직에 도움을 줄 수 있는 사람과의 대화에 어떻게 참여할지에 대해 전략을 짜고 싶어질 것이다.

파워 공식 응용

- '나만의 인맥'과 함께 독특한 '나만의 경험'을 가진 사람은 일
반적으로 다른 구직자보다 더 빨리 취업이 된다. 특히 그 사람이
링크드인을 최대한 활용한다면 더욱 그렇다.

- 현재 구직 상태라면 링크드인과 같은 가상 툴에만 전적으로
의존하지 않도록 하라. 사람을 1:1로 직접 만나 '나만의 인맥'을
맺을 필요가 있다는 사실을 잊지 마라.

Chapter 19

준비, 시작!

매주 2시간씩, 6주간의 로드맵 활용하기

링크드인 초보자거나 링크드인에 이제 막 걸음을 떼기로 결심한 사람이라면 링크드인에서 활용할 전략을 마련하고 실행해야 한다. 앞으로 6주 동안 매주 2시간을 할애하면 내가 제시하는 기술 중 많은 부분을 실행할 수 있다. 당신은 신뢰하는 사람을 찾아 인맥을 만들 것이고 두툼한 프로필을 만드는 데 들인 노력 덕분에 취업 시장에서 선택될 확률이 높아질 것이다. 이 6주 동안의 계획을 잘 실행해서 당신의 기초를 튼튼히 한 뒤 힘찬 출발을 하라.

당신이 한 회사의 소유주이거나 경영진이라면 이 계획이 효율적인 도구가 된다. 이 계획의 일부는 당신만이 아니라 프로필에 추가하려는 정보를 모으고 초안을 작성할 시간이 있고 소셜미디어 분야에 전문지식이 있는 다른 사람에게 위임될 수도 있다. 잊지 말아야 할 중요한 것은 링크드인이나 다른 모든 소셜미디어 툴을 사용하더라도 언제나 직접 당신의 인맥과 소통하는 것이다.

예를 들어 '요약란(Summary Section)'의 글쓰기 부분이나 카드 파일에서 인맥 추가하기와 같은 일을 다른 사람에게 위임한다고 생각해보자. 이러한 경우 반드시 그 사람을 통해 당신의 개성이 드러나야 하며, 당신 또한 진행되는 모든 단계를 알아야 한다. 그래야 위임자가 당신이 알지도 못하는 사람을 멋대로 인맥 추가를 하고, 그 사람이 인맥을 맺어준 것에 감사하는 상황을 막을 수 있다.

다음 목록은 링크드인의 파워 활용에 도움되는 6주간의 로드맵을 간략히 설명한 것이다. 이제 막 링크드인을 시작했다면 이 로드맵 계획이 크게 도움 될 것이다. 프로필을 이미 완벽하게 완성했고 지금까지의 링크드인 전략을 잘 기록해 놓았는가? 그렇다면 이 체크리스트를 보고 지금 올바른 길을 가고 있는지 확인하라.

1주차

- 링크드인에 가입하라.
- 수락 기준에 부합하는 모든 초대에 응하라.
- '프로필 경력란(Experience Section of Your Profile)'에 가장 최근에 가진 직업을 기입하라. 이력서가 있다면 등록한 뒤 구직활동을 위한 등록 절차를 시작하라.

- 프로필의 '학력란(Education Section of Your Profile)'을 완성하라.
- 5명의 '믿을 수 있는 전문가(Trusted Professionals)'를 인맥에 초대
  하라.
- 프로필에 전문가처럼 찍은 사진을 추가하라.

2주차

- 수락 기준에 부합하는 모든 초대에 응하라.
- 당신의 인맥에 '믿을 수 있는 전문가' 5명을 더 초대하라.
- '프로필 경력란(Experience Section of Your Profile)'을 완성하라.
- 프로필에 회사 웹사이트를 추가하고 '나의 회사' 외에 추가 설명
  을 덧붙여라.
- 중요한 키워드를 포함해 120자의 멋진 마케팅 헤드라인을 써라.
- 5개 그룹에 가입하라. 취업분야 그룹, 동창회 그룹, 상공회의소,
  지역 내 대형인맥 그룹에 가입을 고려하라.

3주차

- 수락 기준에 부합하는 모든 초대에 응하라.
- '당신이 알 수도 있는 사람들(People You May Know)'을 검토하고
  신뢰하는 모든 사람을 초대하라.
- 당신을 잘 알며 키워드로 가득 찬 글을 자세히 써 줄 수 있는 '전
  문가 1명'에게 추천글을 부탁하라.

- 당신의 인맥에서 정말로 추천 받을 만한 사람을 택해 추천글을 써주라.
- 경쟁 회사 또는 취업을 목표로 하는 회사를 검색하라.
- 내 고장에서 비즈니스에 가장 중요한 키워드를 사용해 '고급 인물 검색(Advanced People Search)'을 하라. 검색 결과로 나오는 인물 중 아는 사람이 있는지 확인하고 기준에 맞는 사람을 초대하라.
- 5개 그룹에 더 가입하라.
- 전문성을 나타내고 당신에게 도움이 되는 '상태 업데이트(Status Update)'를 게시하라.

4주차

- 수락 기준에 부합하는 모든 초대에 응하라.
- 웹사이트에 2개의 항목을 추가하라.
- 현재의 '경력란(Current Experience Section)'에 의미 있는 자원봉사 경력을 모두 추가하라.
- '학력란(Education Section)'에 수료한 모든 전문가 과정 또는 기술 분야 훈련과정을 추가하라.
- 당신 인맥에 있는 누군가를 위해 추천글을 하나 써라.
- 회사 프로필에 적절한 정보를 모두 기입하라.
- 5개 그룹에 더 가입하라.

- 경쟁 회사 또는 취업을 목표로 하는 회사를 검색하라.
- 중요한 키워드로 '고급인물검색(Advanced People Search)'에서 검색해 기준에 부합하는 사람을 초대하라.
- 당신이 잘 알고 믿을 만한 전문가에게 추천글을 하나 부탁하라.
- '요약란(Summary section)'에 넣을 2,000자 분량의 글을 쓰라. 맞춤법 검사를 한 뒤 프로필에 올려라.
- 전문성을 나타내고 당신에게 도움되는 '상태 업데이트(State Update)'를 게시하라.

5주차

- 수락 기준에 부합하는 모든 초대에 응하라.
- 당신 인맥에 있는 누군가를 위해 추천글을 하나 써라.
- 5개 그룹에 더 가입하라.
- '고급 인물 검색(Advanced People Search)'에서 3개의 키워드를 사용해 검색을 하고 그 키워드를 저장하라.
- 믿을 만한 전문가에게 추천글을 부탁하라.
- '전문분야란(Specialties Section)'에 넣을 500자 분량의 글을 쓰고 프로필에 올려라.
- '연락처(Contacts)'를 불러와 동료, 학우와 인맥을 맺으라.
- 전문성을 나타내고 당신에게 도움이 되는 '상태 업데이트(State Update)'를 게시하라.

6주차

- 수락 기준에 부합하는 모든 초대에 응하라.
- 인맥에 있는 누군가를 위해 추천글을 하나 써라.
- 5개 그룹에 더 가입하라.
- 당신에게 도움이 되는 PDF파일, 워드파일 또는 엑셀 문서를 찾아 '박스넷파일(Box.net files)'에 올려라.
- 당신에게 도움이 되는 파워포인트 파일을 찾아 '슬라이드셰어' 또는 구글 프레젠테이션에 올려라.
- 주요 인맥수치 통계를 문서화하고 진행 상황을 추적할 수 있도록 정기적으로 그 수치를 비교하고 기록하라.
- '아웃룩 툴바(Outlook Toolbar)'를 다운로드하라.
- '링크드인 소개 기능(Linkedin Introduction Feature)'을 사용하는 인맥 중 한 명에게 소개를 부탁하라.
- 전문성을 나타내고 당신에게 도움이 되는 '상태 업데이트(State Update)'를 게시하라.
- 구체적인 다음 분기 링크드인 목표를 문서화하라.

일단 이 6주 계획이 마무리되면 강력한 프로필(열렬한 추천글을 포함)과 수많은 인맥이 링크드인에서 검색하는 이들에게 끊임없이 검색되도록 해줄 것이다. 당신은 검색 기능을 사용해 새로운 인맥과 가치 있는 정보를 계속 찾게 될 것이다. 또한 그룹에 가입해 그룹 토론에 참여하면서 링크드인에서 존재감을 계속 키울 수 있다.

프로필을 업데이트하고 링크드인 전략을 더욱 철저히 개발하라. 효율적인 인맥은 다른 이들에게 당신의 지식과 자료를 공유하는 것에서 시작함을 기억하라. 프로필에 도움되는 문서를 정기적으로 추가하고 자주 '상태 업데이트'를 해 재미있는 기사, 웹사이트, 중요한 정보를 인맥과 나눠야 한다. 이 네트워크 세계에서는 멋진 사람들이 제일 먼저 일을 끝마친다!

♣ 링크드인에서의 시간관리

마치 정해지기라도 한 것처럼 내 모든 링크드인 강의가 끝날 무렵이면 누군가 시간관리 주제를 꺼낸다. 그 질문은 다음과 같다.

- 얼마만큼의 시간을 링크드인에 들여야 하나요?
- 그 시간에는 뭘 해야 하나요?
- 어떻게 생산적으로 링크드인에서 시간을 쓸 수 있나요?
- 개인의 목표를 이루고 생산적인 활동을 하고 있음을 어떻게 확신할 수 있나요?

나는 링크드인에 할애하는 상당한 시간을 가장 효과적으로 관리할 수 있는 방법은 매일, 매주, 매달 해야 할 일을 잘 이행하는 것임을 알게 됐다. 이 임무를 모두 완수하는 데 매주 2~3시간이 걸릴 것이라 예상할 수 있다. 하지만 그보다 훨씬 더 많은 시간을 들이면 더 대단한 결과를 얻게 된다. 당신이 링크드인에 투자한 시간은 분명히 보상 받는다. 다음의 해야 할 일의 목록은 링크드인에 적당한 수준의 시간을 들이면서 최고의 효율을 올릴 수 있게 한다.

매일 링크드인에서 해야 할 일

- 홈페이지를 꼼꼼히 살펴보라.
- '받은 메일함(Inbox)'에 수신된 모든 메일에 답하라.
- 다른 사람의 인맥에 가입하라는 모든 초대에 답하라.
- '인맥활동란(Network Activity Column)'을 꼼꼼히 살펴 재미있는 행사, 프로젝트, 논평을 확인하라.
- 산업 분야 그룹 중 가장 중요한 2~3개의 그룹에서 벌어지는 토론을 확인하라.
- 어제 만난 사람이 당신이 신뢰하는 사람이거나, 그와 어울려 서로의 목적과 목표를 나눌 수 있는 사람이라고 확신한다면 당신 인맥에 가입하도록 초대하라.
- '상태 상자(Status Box)'에 도움되는 기사, 블로그 게시물 또는 웹사이트 링크를 올려라.

매주 링크드인에서 해야 할 일

– 누군가가 당신이 참석할 만한 행사를 올렸는지 '행사란(Events)'
 을 살펴보라.

– 지역 내에서 참석할 만한 행사가 있는지 검색하라.

– 당신 인맥이 그들의 추천글에 업데이트한 내용을 살펴보라.

– 당신 인맥이 가입한 새로운 그룹을 살펴보라.

– 가장 중요한 사람이 업데이트한 프로필을 꼼꼼히 살펴보라.

– 1촌의 새로운 인맥을 꼼꼼히 살펴보라.

– 당신이 저장한 3개의 검색어로 얻어지는 결과를 꼼꼼히 살펴보
 라.

– 가장 중요한 그룹에 관련되는 기사, 블로그 게시물, 행사 등의 정
 보를 그 그룹에 게시하라.

매달 링크드인에서 해야 할 일

– 추가할 것이나 변동할 것이 없는지 프로필을 꼼꼼히 살펴보라.

–1촌 목록을 꼼꼼히 살펴 빠른 시일 내에 연락해야 하는 사람을 확
 인하라.

– 효율적인 결과를 얻기 위해 당신이 저장한 3개의 검색어 중에 변
 경할 것이 없는지 검토하라.

– 인맥 목록을 꼼꼼히 살펴보고 자발적인 추천글을 2개 쓰라.

– 서로 알고 지내면 실질적인 이익을 얻을 수 있는 사람의 목록을

만들고 식사 자리를 마련해 서로를 소개해주라.

주기적으로 해야 할 일(몇 달 간격으로)

- 가장 가까운 경쟁 상대의 개인 프로필과 회사 프로필을 꼼꼼히 살펴보라.
- 가장 최근의 프로필 사본을 저장하고 인쇄하라.
- 인맥 목록을 저장하고 인쇄하라.

프로필과 인맥 목록은 만일의 사태에 대비해 저장하고 인쇄해 두어야 한다. 링크드인 사이트에서 데이터를 잃어버렸다는 이야기를 종종 듣는다. 정보 보호를 위해 시간을 들여야 한다.

정기적으로 링크드인에서의 존재감을 유지하고 확인하는 일은 직업적인 목표를 이루는 데 중요한 역할을 한다. 당신의 직업 목표는 개인 브랜드를 향상시키는 것, 상품 및 서비스를 파는 것, 직장을 구하는 것 등 각기 다양할 수 있다. 기억할 것은 이 모든 일을 거실 소파에 편하게 누워 당신이 좋아하는 TV를 보면서도 할 수 있다는 것이다. 젊은이들만 동시에 여러 가지 일을 할 수 있다고 누가 말했는가!

Chapter 20

결론, 아니면 다시 시작일까?

당신은 어느 캠프에 속해 있는가?

당신은 해냈다. 드디어 소셜미디어라는 신세계의 마지막 장에 이르렀다. 50이 넘는 가구장이가 쌓아온 비즈니스 경험을 끝까지 들어주어 큰 영광이다. 나의 경험을 링크드인이라는 이 최신식 툴에 반영해 당신과 당신의 회사를 마케팅하고 브랜드화하는 데 도움이 되기를 소망한다. 이 책을 다 읽고 나면 "어떻게 이 사람은 자기가 신뢰할 만한 전문가라고 여기는 사람이 1,100명이 넘지?"라고 궁금해 할 수 있다. 아주 적절한 질문이다.

나의 중요한 비즈니스 중 하나는 링크드인에 관한 강연을 하는 것이다. 내 세미나에 참석하는 대다수의 사람은 구직자다. 나는 천성적으로 남을 격려하는 것을 좋아한다. 또 사람들을 돕는 것을 즐긴다.

그래서 내 강연 직후 기껏해야 한 번 봤을 사람에게 내 인맥에 가입하도록 권한다. 언젠가 그 사람이 고층빌딩을 짓고 있는 누군가와 인맥을 맺고 있다는 소식을 듣게 될지도 모른다. 그들이 내 강연을 듣고 나서 얻은 아이디어로 그들의 인맥을 나에게 소개시켜주길 소망한다. 이러한 식으로 내가 맺은 관계는 대부분 더 큰 가치를 나누고 서로를 더 신뢰하는 관계로 발전했다.

초보자를 위한 링크드인 강의를 할 때 내가 갖는 목표가 하나 있다. 그것은 링크드인 사용에 대해 막연한 두려움을 주는 요인을 없애는 것이다. 이 목표는 도입부에서 언급했듯이 이 책을 쓰는 목적이기도 하다. 나로 인해 링크드인에 대해 갖고 있던 두려움이 사라지길 진심으로 바란다. 또한 나는 도입부에서 이 책을 다 읽고 난 후 3개의 캠프 중 한 곳에 속하게 될 것이라고 말했다. 계속해서 당신과 회사를 마케팅하고 브랜드화하기 전에 이 3가지 캠프에 대해 다시 살펴보자.

캠프 1

"아이고, 여기선 아무것도 건질 게 없겠군. 링크드인이라는 툴과 기능에 대해선 이제 이해할 것 같아. 그런데 다른 사람들에게는 도움이 될 수도 있겠지만 나에게 도움이 될지는 잘 모르겠는 걸."
최소한 당신은 이제 경쟁자가 어떤 일을 하는지 알고 있다. 링크드인에서 인맥을 맺기 원하는 친구 또는 단체에게, 당신의 기술과 일정에 더 잘 맞는 방식으로 당신과 회사를 마케팅하고 브랜드화하기로 결정했다고 말하라.

캠프 2

"난 아마 링크드인을 뒷전으로 미루거나 겨우 한두 가지 기능만 사용할 것 같아." 이 2번째 캠프에 속하는가? 그렇다면 다음에 제안하는 것 중 하나라도 해보자. 링크드인을 탐구하려는 마음이 생길 것이다.

– 링크드인 사용에 시간을 투자하는 당신의 믿을 만한 친구나 단체에게 "링크드인에서 구체적으로 뭘 하고 있고, 어떤 결과를 얻었나요?"라고 물어보라.
– 링크드인 전문 강사가 진행하는 워크숍에 참석하라.
– 당신과 회사를 마케팅하고 브랜드화 하려는 목적 중 일부를 달성할 수 있도록 링크드인이 제공하는 구체적 방법들의 사례와 가능성에 대해 계속해서 주시하라.
– 경쟁회사의 마케팅 인턴사원이 여름 한 철이나 한 분기 내내 당신의 링크드인 인맥과 활동을 철저히 조사한다는 사실을 잊지 마라.
– 비즈니스 협회나 동년배 그룹에 속해 있다면 모든 회원의 이익을 위해 링크드인을 주제로 토론하고 논의할 것을 제안하라. 링크드인에 대해 토론하고 싶은 사람이 당신만은 아니다.

캠프 3

"알겠다, 이제 나도 할 수 있겠어. 이거 정말 해보고 싶은데!" 내가 만난 대부분의 사람들은 이 캠프에 도착했다. 당신도 만약 여기에 도달했다면 링크드인 전략을 계획하고 실행함으로써 얻는 대단한 이점을 깨달았을 것이다. 어쩌면 다른 소셜미디어 활용 전략도 깨달았을지 모른다. 그러나 당신은 아마 이 전략을 실행에 옮기는 일을 망설일 수 있다. 왜냐하면 늘 바쁜 삶을 살고 있으며, 당신이 제일 좋아하는 여가 활동을 즐길 때도 다른 일에 주의를 기울여야 한다는 점 때문이다. 여기서 바로 당신의 진가가 발휘된다. 즉 결단력을 보여주어야 한다.

링크드인과 이러한 변화를 수용한다면 비즈니스 방식에 변화가 생길 것이다. 링크드인에서 존재감을 높이기 위해 헌신한 시간과 노력은 반드시 보상을 받는다.

내 경험과 링크드인을 수용한 사람의 자료를 보면 확연한 결과는 보통 링크드인 가입 후 2~3개월 내에 얻을 수 있다. 당신의 결정에는 분명 보상이 따른다. 하지만 어느 정도 성실함과 인내를 가지고 인맥을 활성화시키려는 노력이 필요하다. 링크드인은 인맥이 어마어마하게 확장될 수 있도록 해준다. 또 당신이 새롭게 맺은 모든 인맥은 비즈니스를 성공으로 이끄는 데 한 발자국 더 다가가게 한다는 점을 명심하라.

인맥이 확장될 때 계속해서 비즈니스 관계를 개발하고 링크드인의 놀라운 능력에 대해 서로 나누는 것이 중요하다. 당신의 성공 스토리를 친구, 비즈니스 파트너와 나누고 가장 효과적인 링크드인 활용법을 알려주라.

이 책을 통해 나는 링크드인의 파워 공식과 그것이 전문 비즈니스 분야에서 의미하는 것이 무엇인지 논했다. 당신만의 경험과 인맥에 이 '툴(링크드인)'을 더하면 비즈니스 계획을 최고 수준으로 달성시킬 수 있다. 링크드인은 '도구상자(toolbox)' 속의 가장 빛나는 최신식 도구이다. 그러나 당신이 이미 알고 있는 지식과 인맥을 결합시켜야만 효과를 발휘할 수 있다. 오늘부터 시작하라!

내 아이들은 벌써 페이스북을 한다

대학생이 링크드인을 해야 하는 이유

세 딸의 아버지로서 나는 부모가 경험할 수 있는 모든 감정을 느껴 보았다. 아이들이 태어나 첫 걸음을 떼고 축구경기에서 첫 골을 넣은 최고의 순간에서부터 처음 자동차 사고를 당하고 딸들의 별 볼일 없는 남자친구를 소개받은 최악의 순간까지…. 하지만 날아갈 정도로 기분이 좋았던 순간은 첫째 딸이 "아빠, 나 4대보험이 지원되는 직장을 구했어요!" 라고 전화를 걸었을 때다.

당신에게 아직 직장을 얻지 못했거나 곧 대학을 졸업하는 자녀가 있는가? 또는 자신의 자녀를 재정적으로 독립시키기 원하는 친구가 있는가? 그렇다면 이번 장은 당신을 위한 장이다. 링크드인은 인턴십이나 직장 검색에도 상당히 유용하지만 청년의 견고한 '개인 브랜드'

구축에도 도움이 된다.

개인 브랜드는 시장에서 한 개인의 브랜드를 묘사하기 위해 내가 쓰는 용어다. 이 용어는 한 개인에 관한 것이다. 한 회사의 브랜드 또는 직업적인 부분과는 별로 연관성 없는 페이스북과 같은 사이트의 개인 브랜드(상표)와 혼동하면 안 된다.

불과 몇 년 전만 해도 '개인 브랜드화(Personal Branding)'라는 말은 이 분야에서 쓰이지도 않았다. 하지만 요즘에는 대부분의 사람들이 성공하기 위해서는 개인 브랜드를 가질 필요가 있다고 생각한다. 무슨 변화가 있었는가?

첫째, 이제 사람들은 우리의 아버지와 할아버지가 직장생활을 하던 때만큼 한 직장에 오래 있지 않는다. 옛날에는 사람들이 한 직장에 아주 오래 다녔기 때문에 그들의 개인 브랜드라는 것은 회사와 직접적인 관련이 있었다. 그러나 요즘 사람들은 일생 동안 수많은 직장으로 옮겨 다닌다. 그래서 한 직장이 개인의 커리어를 정의하지 못한다.

둘째, 소셜네트워킹 기술은 사람들에게 가상세계 속 존재감을 확장시키면서 직업 세계에서 그들이 이루려 하는 목표에 긍정적 혹은 부정적인 영향을 미쳤다. 이제 10살, 11살, 12살의 나이에 소셜네트워킹 사이트에 가입한다. 하지만 대다수는 가상세계에서 자신이 게시한 모든 행동, 논의, 정보가 그들이 미래에 갖게 될 개인적이고 직업적인 브랜드에 어떤 부정적 영향을 미치는지는 인식하지 못한다. 반대로 이러한 소셜네트워킹 툴을 책임감을 갖고 사용한다면 강력한 개인 브랜드를 구축할 수 있다.

대학 졸업을 하기 전 링크드인을 해야만 하는 10가지 중요한 이유를 살펴보자.

1. 그들은 이미 페이스북과 같은 소셜네트워킹 사이트를 사용하므로 기성세대보다 훨씬 더 빨리 링크드인을 습득한다. 사이트 운영방식이 매우 유사하기 때문에 대학생들이 소셜미디어 속의 직업적인 존재감을 높이기 위해 페이스북 관리에 쓰는 시간 중 일부를 떼어 링크드인에 할애하는 것은 어렵지 않다.

2. 링크드인은 아마도 청년들의 미래 고용인이 실제로 활동하는 유일한 소셜네트워크 사이트일 것이다. 경영자에게 소셜네트워크 사이트 중 하나만 고르게 한다면 일반적으로 링크드인을 택할 것이다. 그렇기 때문에 젊은 구직자들은 분명 링크드인에 프로필을 만들고 싶어 할 것이다. 잠재적인 고용주에게 발견되기 원한다면 이력서, 자기소개서, e메일 서명에 링크드인 주소를 포함시켜야 한다.

3. 링크드인에서는 구직 희망자가 만나게 될 면접관과 통화를 하거나 만남을 갖기 전에 프로필을 살펴보고 인쇄할 수 있다. 이것은 면접관이 어떤 사람이고, 면접 때 쓸 수 있는 공통 관심사나 주제

는 무엇인지 알려주는 매우 유용한 기능이다. 면접관의 프로필을 읽은 후 그 안에 포함된 모든 정보 하나하나를 자랑스럽게 생각한다는 것을 상기하라. 그 프로필을 기억하면 면접 시 훨씬 풍성한 대화가 이루어질 것이며, 그 덕분에 직장을 구하는 데 있어다른 지원자들보다 우위를 차지할 수 있다.

4. 동영상 이력서를 준비해 '웹사이트(Websites Section)', '슬라이드 셰어 애플리케이션(SlideShare Application)' 또는 '구글 프레젠테이션 애플리케이션(Google Presentation Application)'에 링크를 올려라. 동영상 이력서는 대학생에게 있어 다른 지원자들과 차별될수 있는 강력한 도구이다. 이를 통해 자신의 구체적인 커리어를더 자세히 설명하며, 현재 진행하고 있는 프로젝트와 장래 목표에 관해 개성과 열정을 보여줄 수 있다.

5. 링크드인은 학생들이 앞으로 직업을 검색하는 데 있어 큰 촉매제로 삼을 수 있는 인맥을 대학에서 만들 수 있게 해준다. 그들은 "알겠어요, 하지만 저는 기업에 아는 사람이 아무도 없는데 당신이 말한 정치가 수준의 인맥을 어떻게 만들 수 있겠어요?" 라고 말할지 모른다. 그들에게 학교 친구와 인맥을 맺으라고 추천하고 그것이 단지 1촌 친구를 더 추가하는 개념이 아니라 그 1촌 친구들이 맺고 있는 2촌과 3촌 인맥까지 추가해야 한다는 사실을

상기하라.

링크드인에서는 룸메이트와 시간을 보내는 짧은 순간에도 룸메이트의 부모가 알고 있는 모든 회사 간부를 자신의 인맥에 추가할 수 있다. 대학생들은 또한 회사 커뮤니티에 연결된 부모의 친구나 가족과도 인맥을 맺어야 한다. 그렇게 하면 졸업이 가까워질 때 이루고자 하는 꿈에 대해 숙련된 전문가와 대화를 시작할 수 있다. 비즈니스 커뮤니티에 속한 학교 친구와 가족의 친구 추가도 성공적인 비즈니스 인맥 구축을 시작하는 한 가지 방법이다.

6. 학생들은 인턴십 검색에 링크드인을 사용할 수 있다. 다가올 여름 인턴십에서 참여하기 원하는 회사를 링크드인에서 찾을 수 있다. 운이 정말 좋은 학생은 만나고 싶은 구체적인 사람을 찾을지도 모른다. 그렇지 못하더라도 최소한 원하는 부서에서 일하는 사람을 찾을 수는 있다. 그 다음 자신이 아는 사람 중에 이 사람과 인맥을 맺고 있는 사람은 없는지 살펴볼 수 있다. 대부분의 인턴십은 꼭 광고가 아니더라도 네트워크에서 찾을 수 있기 때문에 링크드인은 원하는 인턴십을 찾는 청년이 유리한 위치를 차지할 수 있게 한다. 또한 링크드인의 '직업(Jobs)' 기능을 통해서도 인턴십을 검색할 수 있다.

7. 링크드인은 어떤 학생이 본격적으로 직업 검색을 시작할 때 취업에 대해 함께 상담할 수 있는 사람을 찾게 해준다. 학생은 자신이 찾는 직업의 종류, 구직 활동을 시작하는 방법에 대해 의견을 나눌 수 있고 상담자는 멘토와 같은 역할을 해준다. 이 학생이 링크드인에서 자신에게 꼭 필요한 사람과 인맥을 맺고 있었다면 꼭 필요한 멘토를 찾을 가능성이 더 높아진다.

8. 링크드인은 취업을 원하는 영역에 있는 채용 담당자 검색을 지원한다. 채용 담당자들은 대부분 링크드인을 아주 선호하며 링크드인에서 매우 열심히 활동한다. 훌륭한 프로필을 작성하면 채용 담당자에게 발견될 가능성이 더 높아진다.

9. 링크드인은 학생의 홈페이지 또는 개인 웹사이트로 사용될 수 있고 학생이 사용하는 모든 소셜네트워킹 사이트를 한데 모을 수 있다(블로그와 트위터, 플릭커, 페이스북 등의 계정). 이때 다른 사이트에 올린 자신의 정보는 회사에 보여주기 원하는 전문적인 이미지와 일치되어야 한다. 잠재 고용인은 당신이 괴기한 의상을 입고 파티에 참가한 경험을 알고 싶어 하지 않는다. 이러한 정보는 구직 기회를 망칠 수 있다.

10. 링크드인에는 자원봉사 경험, 대학에서의 학생회 활동 경험과

동아리 경험 등의 목록을 올릴 수 있다. 이 목록은 활동을 덜한 사람과 구별될 수 있게 한다. 어떤 학생이 대학을 졸업하고 곧바로 직장을 구한다면 아마도 공식적인 직무경험은 거의 없을 것이다.

그러나 학생회 활동 경험과 자원봉사 경력들은 미래 고용인들에게 호감을 준다. '프로필의 직무경력과 학력란(Each Job and Educational Entry on Her Profile)'에서는 각각 2,000자 분량으로 글을 쓸 수 있다는 것을 기억하라. 그림 BC.1은 내 프로필에 포함된 자원봉사 경력이다. 이러한 종류의 경험을 가진 학생이 있다면 '경력란(Experience Section)'을 최대한 활용해 자신의 가치를 드러내야 한다.

링크드인과 다른 소셜미디어들은 개인적이고 직업적인 목표 성취에 큰 도움을 준다. 그러나 소셜미디어에서 드러나는 모습이 실제 성격이나 인품에 일치되지 않는다면 그만큼 큰 악영향을 미칠 수도 있다. 대학시절은 당신이 누구이고, 어떤 가치를 존중하며, 어떤 회사에서 일하고 싶은지에 대한 고민을 시작하기에 제일 좋은 때이다. 링크드인은 학생의 직업 커리어에 언제까지나 함께 할 강력하고 긍정적인 '개인 브랜드' 개발을 전폭적으로 지원한다.

Current	
	● Office Furniture Dealership President & Owner (Preferred Haworth Office Furniture Dealer) at M&M Office Interiors [Edit]
	● Founder & Linkedin Trainer at Power Formula [Edit]
	● Board Member & Volunteer Instructor at Make A Difference-Wisconsin [Edit]
	● Board Member at The Community Warehouse [Edit]
	● Volunteer High School Mentor at Urban Promise Lunch Club [Edit]
	see less...
	✚ Add Current Position
Past	
	● Volunteer Youth Leader at Eastbrook Church
	● Executive Vice President at Russ Darrow Automotive Group
	● Vice President at Heiser Automotive Group
	● Manager Small Business Division at Arthur Andersen & Co
	see less...

파워 공식 응용

- 비록 청년들은 급히 직업의 세계에 첫발을 내딛지만 경력에 큰 도움이 되는 '자신만의 경험'을 이미 갖고 있다. 인턴십 경험, 조직에 속했던 경험(특히 리더를 해 본 경험), '하계직업 체험(Summer Employment)'과 같은 경험을 링크드인 프로필에 올리면 미래 고용주에게 그가 찾는 강력한 지원자가 자신이라는 사실을 보여줄 수 있다.

- 회사의 고용주만이 추천글을 써 줄 수 있는 것은 아니다. 조직의 리더, 교사, 교수 또한 링크드인에서 추천을 해줌으로써 학생이 가지고 있는 '자신만의 경험' 입증에 도움을 줄 수 있다.

- 이 책에서 설명한 링크드인 애플리케이션과 프로필의 다른 기능 중 일부는 다른 지원자와 차별화되는 방법으로 대학 시절 경험을 보여준다. 이러한 도구를 잘 이해하고 사용하면 '자신만의 경험'에 대해 설명하는 능력을 크게 향상시킬 수 있다. 또한 링크드인을 능숙하게 다루는 기술은 많은 고용주에게 큰 점수를 얻을 수 있다.

– 학생이 교사, 부모, 멘토, 다른 학생과 갖는 '자신만의 인맥'은 중요한 면접 기회를 얻게 해주는 2촌 또는 3촌 인맥으로 이어질 수 있다.

링크드인 국내 활용 사례

EC21 뉴미디어 기획팀

1. 링크드인, 어떻게 활용할까?

2. 링크드인 활용 10계명

3. 링크드인으로 이런 마케팅도 가능하다!

4. 링크드인 활용 해외 마케팅 성공 사례

5. 소셜미디어 전문가가 생각하는 링크드인 특징

6. 문의처

1. 링크드인, 어떻게 활용할까?

딩동! 당신에게 '링크드인'이란 선물이 도착했다. 해외에선 꽤나 대단한 비즈니스 소셜미디어라는데 생소하기만 하다. 소셜미디어를 비즈니스 목적으로 사용한다는 것이 쉽게 감이 잡히지 않는다. 그래서 여기에 활용법을 모았다. 링크드인이라는 귀한 선물을 어떻게 귀한 가치로 연결할지는 이제 당신 몫이다.

실로 소셜미디어의 시대다. 2010년 초, 트위터(www.twitter.com)를 필두로 국내에 알려지기 시작한 소셜미디어는 소셜네트워크 서비스(Social Network Service) 혹은 이의 준말인 SNS로 불리며 삽시간에 사회 이슈로 떠올랐다. 스마트폰 열풍과 태블릿 PC의 대중화도 소셜미디어 이슈화에 힘을 실어줬다. 언론들은 하루가 멀다 하고 특집기사 및 프로그램을 편성했고, 기업은 소셜미디어를 어떻게 활용할지 논의하기 시작했으며, 이들의 욕구를 채워주기 위해 동시다발적으로 소셜미디어 활용 특강이 등장했다.

소셜미디어가 국내에 본격적으로 정착한 계기는 페이스북(www.facebook.com)이 한국어 서비스를 지원하면서부터다. 2010년 가을 국내에 개봉한 영화 '소셜네트워크'도 페이스북 붐에 윤활유 역할을 했다. 이 영화는 세계 최고 명문 대학인 미국 하버드대학 재학 시절 페이스북을 창립한 마크 주커버그(Mark Zukerberg)와 그 주변 인

물들을 조명했다. 주커버그의 평범하지 않은 일상과 부(富)는 세인의
이목을 끌기에 충분했다.

페이스북은 2000년대부터 싸이월드(www.cyworld.com)를 사용하기
시작한 젊은 세대 위주로 단기간에 인기를 끌었다. 싸이월드를 통해
이미 남의 사생활을 보고 싶어 하고, 나를 과시하고자 하는 욕구를 경
험한 세대에게 '페이스북은 업그레이드된 싸이월드'로 통하면서 쉽
게 다가갈 수 있었다.

여기에 우리가 주목할 부분이 있다. 국내 소셜미디어 사용자 상당
수가 '소셜미디어 = 글로벌 싸이월드'로 인식하고 있기에 해외에서
이미 활성화된 '소셜미디어 = 비즈니스 툴' 개념이 국내 사용자에겐
아직 정착하지 않았다는 것이다. 일부 대기업과 글로벌기업 한국지
사가 소셜미디어를 브랜딩 및 마케팅 플랫폼으로 사용하기 시작했지
만 국내 기업의 이용 행태는 극히 미미하다. 마치 잘 차려진 한정식
밥상에서 김치만 골라먹는 모습이다.

소셜미디어, 새로운 비즈니스 패러다임을 열다

그렇다면 외국은 어떨까? 글로벌 소셜미디어 중 상당수를 만들어
낸 미국도 우리와 비슷한 개념에서 출발했다. 개인 네트워킹을 통해
소소한 즐거움을 누리자는 것이 소셜미디어 탄생 배경 중 하나다. 불
과 몇 년 전까지만 해도 소셜미디어에 가입하고, 접속하고, 사이트 안

에서 활동을 하는 이유는 '단순 재미'였다.

기업 입장에서도 소셜미디어 이용자들은 '불특정 무리 집단'이었다. 하지만 이들이 기업과 쉽게 연결고리를 만들게 되면서 기업의 또 다른 VIP 집단으로 진화했다. 이제 사람들이 개인적인 즐거움 외의 목적으로 소셜미디어를 이용하기 때문이다. 페이스북 가입자의 경우 기업 팬페이지 '좋아요(Like)' 버튼만 클릭하면 기업 내지는 브랜드와 바로 연결된다. 기업은 공식 홈페이지 외의 공간에서 회원에 가입하는 등의 번거로운 과정을 생략해도 마케팅 활동에 흔쾌히 동참하는 지원자를 얻게 된다. 트위터도 마찬가지다. 기업이나 브랜드가 계정을 만들면 트위터 가입자들이 팔로우 버튼을 클릭함과 동시에 서로에게 실시간으로 소식이 전달된다. 힘들게 별도로 시스템을 구축하지 않아도 고객에게 원하는 메시지를 보낼 수 있는 것이다.

또한 관심을 가지는 브랜드나 기업의 팬페이지에서 담당자들과 적극적인 커뮤니케이션을 하는 사람이 늘어남에 따라 마케터들과 CS 담당자들은 이들과의 커뮤니케이션과 인터랙션을 향후 마케팅이나 고객 관련 업무 진행에 적극 반영하고 있다. 예컨대 신제품 기획에 앞서 팬들 혹은 팔로워들의 의견을 경청한 뒤 제품 포장 박스 디자인을 변경하는 식이다.

이렇게 소셜미디어는 단순 개인 네트워킹이 아닌 비즈니스 플랫폼으로 진화했다. 그리고 최전방에 있는 소셜미디어가 바로 링크드인(LinkedIn : www.linkedin.com)이다.

♣ 세계 최대 비즈니스 네트워킹 소셜미디어 '링크드인'

링크드인은 가입자가 1억 명에 달하는 세계 최대 비즈니스 인맥 형성 소셜미디어다. 아직 국내에 잘 알려지지 않았지만 해외에서는 이미 '필수 비즈니스 소셜미디어'로 확실하게 자리 잡았다. 링크드인 가입자들은 자신의 상세한 프로필을 올린 다음 회사 동료, 지인, 파트너사 관계자, 학교 동문 등 다양한 사람들과 온라인 인맥을 형성해 실시간으로 네트워킹을 한다.

링크드인에 가입하는 사람은 모두 비즈니스맨이며 개인 프로필에 출신 학교, 이전 직장 및 현재 직장 등의 정보를 올리기 때문에 다른 소셜미디어와 비교가 안 될 정도로 가입자 신원이 확실하다. 이러한 이유로 링크드인 가입자 사이에서 비즈니스 이야기가 오고 가고, 실제로 대규모 수출이나 업무협약 등의 계약이 성사되는 것이다.

링크드인이 비즈니스에 효과적인 이유 중 하나는 의사 결정권자와 직접 연락이 닿아서다. 가입자 평균 나이는 43세, 절반이 의사 결정권자며, 평균 소득수준은 10만 달러 이상이다. 회원의 44%가 미국에, 20%가 유럽에 분포되어 있으며, 〈포춘〉 선정 세계 500대 기업 임원이 모두 가입자다. 링크드인에선 개인정보가 직접적으로 노출되므로 대기업 총수일지라도 본인이 직접 본인 계정을 관리하는 것이 일반적이다. 비즈니스 인맥뿐 아니라 개인 인맥이 함께 엮여 있기 때문에 비서나 부하 직원에게 관리를 지시하지 않는다.

그래서 링크드인 가입자들은 일단 네트워크로 연결되면 의사 결정 권자에게 인콰이어리를 직접 보낼 수 있고, 이로 인해 비즈니스 성사 기간이 훨씬 단축될 수 있다. 링크드인이 없다면 내가 연락하고 싶은 업체의 마케팅팀이나 홍보팀을 통하고, 여기에서 1차 필터링 과정을 거친 뒤 비서실 확인을 받아야지만 비로소 최고경영자에게 메시지가 전달될 수 있다. 이러한 방식에는 시간과 인력이 많이 투입되는 것은 물론이며 계약 체결 단계까지 갈 수 있을지 감을 잡기가 어렵다.

위와 같은 링크드인의 장점을 발 빠르게 파악해 해외 마케팅을 적극 진행한 국내 기업의 경우 가시적인 비즈니스 성과를 얻고 있다. 링크드인을 활용해 회사를 홍보하고 비즈니스 파트너를 찾는 기업이 세계 각지에서 속속 등장함에 따라 가입자 수 역시 늘고 있다. 링크드인 발표자료에 따르면 월 100만 명씩 새로운 비즈니스맨이 링크드인에 가입한다. 가입자가 늘어날수록 새로운 비즈니스 기회도 더 생길 것이다.

글로벌 비즈니스 환경은 하루가 다르게 변하고 있다. 링크드인은 이러한 상황을 가장 잘 보여주는 소셜미디어다. 소셜미디어가 단순 재미를 위한 온라인 놀이터로 보일 수도 있다. 하지만 당신이 머뭇거리는 동안 경쟁업체는 수시로 새로운 비즈니스 기회를 만들고 있다. 글로벌 비즈니스 세계에서 소셜미디어 활용은 더 이상 선택의 문제가 아니다.

2. 링크드인 활용 10계명

링크드인을 처음 접하는 사람들이 흔히 궁금해 하는 점 중 하나는 '과연 어떻게 효과적으로 활용하는가'이다. 비즈니스맨을 위한 세계 최대 소셜네트워크라는 건 하나의 플랫폼이고, 이것을 어떻게 전략적으로 활용하느냐에 따라 온라인 비즈니스 성패가 갈리기도 한다.

우리가 흔히 생각하는 지금까지의 소셜미디어 사용법과 링크드인 사용법엔 확연한 차이점이 존재한다. 그리고 이 차별점에 바로 성공 열쇠가 있다.

⚶ 제 1 계명 "개인정보를 올바로 입력해라"

아직까지 우리나라 사람들은 온라인에 개인정보를 노출하는 것을 꺼리는 편이다. 국내 거의 모든 웹사이트가 회원가입 단계에서 주민 등록번호를 비롯한 상세한 개인정보 입력을 요구하고 있어, 만약 해당 사이트가 해킹이라도 당한다면 나의 정보가 고스란히 외부에 노출되기 때문이다.

하지만 이러한 회원가입 절차는 해외에선 일반적이지 않다. 아마존 닷컴에서 한 번이라도 물건을 주문한 적이 있다면, 신용카드 정보 입력은 필수지만 주민등록번호 입력하는 공간은 아예 없는 것을 발견했을 것이다. 페이스북 회원가입을 할 때 집 주소를 입력한 적이 있는가? 페이스북이 중요하게 생각하는 개인정보는 e메일 주소, 개인의 관심사 등이지 주민등록번호나 여권정보가 아니다.

링크드인도 마찬가지다. 가입하는 과정에서 주민등록번호나 여권 정보를 입력하지 않는다. 링크드인에 올리는 개인정보는 오프라인 명함보다 약간 더 정확한 온라인 명함으로 이해하면 된다. 비즈니스 관계를 맺으면서 만나는 사람들에게 공개 가능한 정보를 온라인 공간에 띄워 놓은 것과 마찬가지다. 따라서 주민등록번호, 여권번호, 집 주소 등의 정보는 입력하지 않아도 된다.

그래서 링크드인은 현존하는 전세계 모든 웹사이트 중에서 가장 정확하면서도 자세한 개인자료를 담고 있다. 한 단계만 거치면 진위 여부가 금방 드러나기 때문이다. 누가 시키지 않았는데도 링크드인 회원들은 자신의 출신 학교, 경력, 연락처 등의 정보를 대부분 별다른 거부감 없이 다른 회원들에게 노출한다. 개인정보를 많이 공개할수록 개인 프로필의 신뢰도가 쌓이게 되며, 이 신뢰도가 높아질수록 개인이나 속한 회사의 비즈니스 기회가 넓어지는 것을 알고 있어서다.

위와 같은 의미에서 프로필 사진은 올리는 것이 좋다. 간혹 사진을 올리지 않거나 그림, 회사 로고나 제품 사진으로 대체하는 사람도 있긴 하다. 하지만 잠시 생각해보자. 이러한 사진을 올린 사람과 비즈니스 관계를 맺길 희망하는 사람이 몇 명이나 될까. 그래도 사진 공개가 꺼려진다면 캐리커처를 권한다. 예술분야 전공자나 관련업계 종사자들은 종종 캐리커처를 자신의 프로필 사진으로 설정한다.

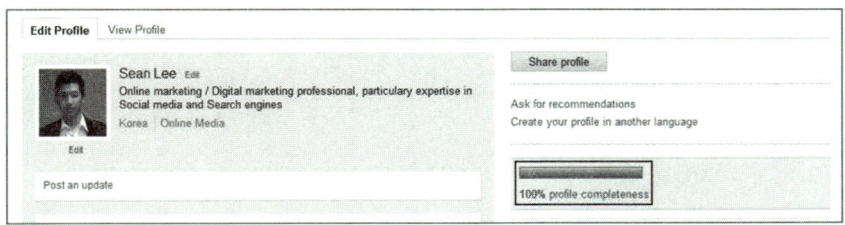

  나와 비즈니스를 하고 싶어하는 링크드인 가입자가 있다고 가정하
자. 이 사람은 나에게 네트워크 신청을 할 것이고, 특별히 이상한 점
이 발견되지 않는다면 나는 이 사람을 나의 1촌으로 수락한다. 서로
메시지를 주고 받으면서 본격적인 사업 이야기가 시작됐다면 상대방
의 신원을 확인해야 할 때다. 이 사람의 다른 1촌, 추천글, 그룹 활동
등을 확인하고, 그가 몸 담고 있는 회사 계정에 들어가 현재 근무 중
으로 나온다면 크게 의심하지 않아도 된다. 혹시라도 더 확실하게 짚
고 넘어가고 싶다면 회사에 전화를 걸어 직접 재직 확인을 하는 방법
도 있다. 실제로 상당수의 링크드인 회원들이 비즈니스 협상을 하기
전에 오프라인 확인 절차를 거친다.

  상대방도 위와 같은 방법으로 나의 신원 파악이 가능하다. 나의 출
신 학교와 회사에 전화를 하거나 e메일을 보내 확인할 수 있다는 얘
기다. 본격적인 비즈니스 이야기가 오고 가기 시작했다면 돌다리도

두들겨보고 가는 사람이 생각보다 많다는 것을 쉽게 알 수 있다. 그리고 신규계약일수록, 거래 금액이 클수록, 대외비로 진행해야 하는 건일수록 이러한 현상은 두드러진다.

혹시라도 링크드인 사이트가 해킹당할 게 두려워 혹은 신상에 대한 지나친 공개를 꺼려 거짓으로 개인정보를 올렸다면 즉시 수정을 하라. 예컨대 링크드인 본사가 내가 거짓정보를 올린 사실을 알게 된다면 나의 계정을 통보 없이 폐쇄할 수도 있다. 한 명에게라도 진실이 아닌 것이 들통난다면 링크드인은 물론 모든 전자상거래 사이트에서 불이익을 받을 수도 있다. 세계는 넓지만 온라인 세상은 생각보다 좁다.

⚬⚬ 제 2 계명 "충분한 시간을 두고 꾸준히 네트워킹을 해라"

모든 사람과 관계를 맺을 때는 시간이 필요하다. 친해지기까지 밥을 먹고, 전화 통화를 하고, e메일을 주고 받는 등 여러 차례의 만남과 연락이 이어져야 친밀도와 신뢰도가 생긴다.

직접 대면하지 않는 온라인 세상에서 네트워크를 맺으려면 충분히 시간을 가져야 한다. 내가 진실성있게 대화에 참여하고 네트워킹에 공을 들이면 상대방도 천천히 마음을 열게 된다.

링크드인에 가입하자마자 내게 꼭 맞는 바이어를 찾겠다고 서두르는 사람을 종종 볼 수 있다. 하지만 안타깝게도 하루아침에 비즈니스 파트너를 찾는 사람은 극히 드물다. 일단 나의 네트워크가 어느 정도 쌓여야지 다른 사람들의 계정을 볼 수 있고, 그룹에 가입할 수 있다. 정해진 답은 없지만 일반적으로 나의 1촌이 50명은 되어야 제대로 된 인콰이어리가 들어온다.

한국무역협회 소셜네트워크 수출마케팅 지원센터 조사에 따르면 50명의 네트워크를 맺은 업체의 인콰이어리 수신율은 그렇지 않은 업체의 수신율보다 높게 나타났다. 그리고 실제 국내외 전시회에서 비즈니스 미팅을 갖고 독립 에이전트 등의 계약까지 성사된 업체들도 대부분 50명 이상의 네트워크를 맺은 것으로 드러났다.

무엇보다 50명의 네트워크가 쌓일 때까지 욕심을 버리고 꾸준히 공을 들이는 게 중요하다. 다행히 여러 가지 방법이 있다. 일단 내가 속한 회사 동료 및 학교 동문들에게 1촌 신청 수락을 부탁하자. 이렇게만 해도 20~30명의 네트워크는 금방 쌓인다. 나머지는 그룹가입이나 1촌의 1촌을 통해 달성하면 된다. 나와 비슷한 관심사를 가진 사람들의 그룹(온라인 마케터 그룹, B2B 영업인의 그룹 등)에서 보다 쉽게 대화에 참여할 수 있을 뿐더러 해외시장 상황을 자연스럽게 업데이트할 수 있다는 장점이 있다. 그리고 네트워크를 신청했을 때 같은 그룹 회원이라는 점을 강조하면 보통은 흔쾌히 수락한다.

헤드헌터나 인사 담당자를 통해 1촌 수를 늘리는 방법도 있다. 이들은 사람들을 많이 만나 교류하는 것을 중요하게 생각하므로 특별한 경우가 아니면 쉽게 1촌이 될 수 있다. 여기에도 전략이 필요하다.

내가 찾고 싶은 사람이 속한 회사의 헤드헌터나 해당 업계에 오래 종사한 인사 담당자 등과 네트워크를 맺는다. 이들의 1촌(나의 2촌)에게 인콰이어리 등의 메시지를 보낼 수 있게 된다. 예컨대 내가 찾고자 하는 파트너가 의류업계 종사자라면, 같은 업계의 인력 채용을 담당한 헤드헌터나 인사 담당자와 네트워킹을 맺으면 이들의 1촌과 연락이 가능해지므로 의류업계 사람을 보다 효과적으로 검색 가능하게 된다. 헤드헌터나 인사 담당자와 친해졌다면 정식으로 내가 연락하고 싶은 사람을 소개해 달라고 요청해도 무방하다.

한 가지 주의할 점은 전혀 모르는 사람에게 무조건 네트워킹 신청을 하면 안 된다는 것이다. 조용히 1촌 신청을 거절하는 사람이 있는 반면 링크드인 고객센터에 스팸 사용자로 신고하는 사람도 있다. 손쉽고 효과적으로 해외 파트너를 찾겠다는 마음 하나로 여기저기 1촌 신청을 남발했다간 아예 계정이 폐쇄될 수도 있다. 충분한 시간을 가지고 네트워킹을 해야 하는 또 다른 이유다.

♣ 제 3 계명 "영어 커뮤니케이션은 기본 중의 기본!"

심지어 해외 마케팅이나 해외 영업 담당자도 영어 커뮤니케이션에 부담을 가지는 경우가 꽤 있다. 친밀도가 전혀 없는 사람들과의 의사소통이 더욱 긴장되는 건 당연한 일이다. 문법에 신경 쓰고, 표현에 신경 쓰다 보면 정작 가장 중요한 의사소통은 등한시 되기도 한다.

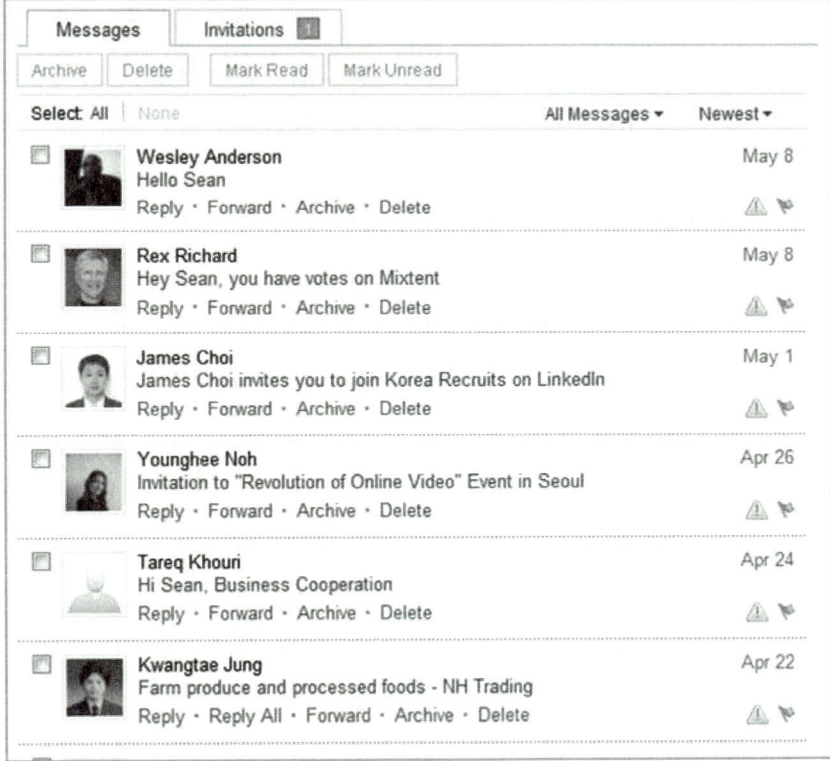

최대한 마음을 편안하게 갖자. 링크드인 가입자의 49%는 비즈니스 의사 결정권자다. 이들은 파트너사 직원의 영어 능력보다는 비즈니스 진행 및 추진 능력에 더 관심이 많다. 기본적인 영어 구사 능력은 필수지만 이에 못지 않게 중요한 것이 업무 이해도 및 협상 능력이다. 업계에서 통용되는 어휘, 개념을 확실히 인지하고 있다면 자신있게 메시지를 보내도 된다. 그리고 링크드인 사용자 중 절반은 영어를 외국어로 배운 사람들이다. 혹, 내가 어법에 맞지 않는 표현을 해도 익숙하게 받아들일 것이다.

단, 메시지를 보내기 전에 오탈자 확인은 꼭 하자. 내가 인콰이어리를 받을 때도 대부분 영어 메시지가 수신될 것이다. 표현이 명확하지 않거나 이해가 안 가는 부분은 정중하게 물어보자.

글로벌 비즈니스 세계에서 커뮤니케이션 언어는 영어지만 제2외국어 구사가 가능하다면 자신의 어학 능력을 십분 발휘하자. 링크드인은 현재 스페인어, 프랑스어 등 영어 이외에 4개 국어로 서비스를 제공한다. 예를 들어 비즈니스 제안을 하고 싶은 사람이 스페인어권 출신이라면 스페인어로 인콰이어리를 보내면 되는 것이다.

링크드인 커뮤니케이션 특징 중 하나는 '간결성'이다. 링크드인 메시지는 e메일 커뮤니케이션 내용보다 짧으면서 격식을 덜 차리는 경우가 의외로 많다. 상대방이 'Dear' 대신 '나의 이름'을, 혹은 'Yours sincerely'로 마치지 않았다고 해서 그냥 보낸 인콰이어리로 여긴다면 소중한 비즈니스 기회를 놓치게 될 수도 있다. 친구처럼 이야기를 나누기 시작했다면 이건 오히려 좋은 징조다. 링크드인에선 친할수록 더 많은 비즈니스 기회가 생긴다.

♣ 제 4 계명 "스피드한 응대는 비즈니스 성공률을 높인다"

대한민국 비즈니스맨이 비교적 쉽게 적용하는 부분이 바로 '스피드한 응대'다. 2009년부터 폭발적으로 성장해 온 스마트폰 열풍은 링크드인 활용을 돕고 있다. 스마트기기 전용 링크드인 애플리케이션을 통해 전세계 어디에서나 실시간으로 나의 네트워크와 메시지함을 확인할 수 있어서다.

급변하는 비즈니스 환경에서 스피드한 응대는 비즈니스 성패를 좌우한다고 해도 과언이 아니다. 빅 바이어의 경우 더욱 그러하다. 만약 월마트 구매 담당자가 내가 생산하는 제품에 관심이 있어 메시지를 보냈는데 이런저런 일로 미루다 3주 만에 확인하고 회신을 했다고 가정하자. 이 기간에 나의 경쟁업체가 월마트에 납품 기회를 잡았을 지도 모른다. 수많은 업체들이 납품을 희망할텐데 3주 동안 묵묵무답인 사람과 굳이 파트너십을 맺을 이유가 있겠는가?

빅 바이어가 아니더라도 늦게 회신을 하는 사람과 거래를 한다면 혹시라도 급하게 연락을 취하거나 클레임을 걸어야 할 때 믿음이 덜 가는 건 어찌 보면 당연할 일이다. 누군가 나에게 관심을 보인다면 바로 회신을 하는 것이 비즈니스 기회를 넓히는 지름길이다.

당장 비즈니스로의 연결 여부가 아니더라도 신속한 응대는 상대방에게 긍정적인 인상을 남긴다. 온라인 플랫폼을 성의 있게 여긴다는 메시지를 암묵적으로 남길 수 있는데다 직접 만나지 않은 사람과의 관계도 소중히 여기는 사용자로 포지셔닝되는 건 보너스 효과다.

일단 메시지가 오면 비록 하찮게 보이더라도 꼭 회신을 하자. 일반 e메일처럼 격식을 갖추지 않아도 된다. 간략하게 보내더라도 성의 있는 답변이라면 충분하다.

⚬ 제 5 계명 "지인 및 같이 근무한 사람들의 추천을 받아라"

링크드인에서 상대방을 파악 및 평가하는 중요한 기준 중 하나가 바로 추천이다. 동종업계에 종사하는 사람이라도 특화된 업무 능력에선 차이가 나게 마련이고, 이러한 업무 수행 능력은 실제로 함께 일을 해보지 않는 이상 파악하기가 쉽지 않다.

링크드인의 추천 기능은 이럴 때 빛을 발한다. 내가 몸 담고 있는 회사가 어린이 완구 분야 마케팅 프로모션 전문가가 상주하는 해외 업체와 파트너십을 맺고 싶다면 링크드인 검색 기능을 통해 적임자를 찾은 뒤 지인 및 협력사 직원들의 추천 여부를 확인하면 된다. 이 사람의 마케팅 프로모션 업무 수행 경험에 대한 추천평이 다수 보인다면 신뢰해도 좋다.

한 가지 알아두어야 할 것은 외국 사람들, 특히 영어권 사람은 쉽게 남을 추천하지 않는다는 점이다. 심지어 '갑'이 '을'에게 추천글 작성을 부탁해도 들어주지 않는 경우가 있다. 본인의 이름과 평가한 내용이 온라인 공간에 고스란히 남기 때문이다. 하지만 정말 추천해주고

Experience

Marketing Planning Manager, New Media Planning Team

EC21 ☐
Privately Held; Internet industry
November 2010 – Present (7 months)

- Online marketing consultant for Korean companies to extend their market to oversea area.
- Especially, focus at new media such as LinkedIn, Facebook and many more.
- Includes traditional marketing communication activities and consulting.

Alicia Joo-hyun has 6 recommendations (1 manager, 4 co-workers, 1 partner) including:

1st Farhad Divecha, *Managing Director, AccuraCast*

1st Tony Jaehyun Lee, *Website Architecture Manager, EC21*

싶은 사람이라면 직위와 상관 없이 추천글을 써 준다. 대리급 직원이 파트너사 임원에게 추천 메시지를 남기는 것은 링크드인 안에선 일반적인 일이다. 국내 정서로는 아랫사람이 윗사람을 평가하는 게 언뜻 이해되지 않을 수 있지만 외국의 경우 사회인 대 사회인으로 추천하는 건 자연스러운 일이다. 혹시라도 직급이 낮은 직원이 나를 추천했다고 해서 당황하지 말자. 기쁘게 승인하고 감사 메시지를 보내면 된다.

추천글은 많을수록 좋지만 되도록 업무 수행 능력에 대한 평가가 자세할수록 비즈니스에 도움이 된다. 추천 메시지는 남이 나를 파악하고 평가하기 위해 존재하기 때문이다. 내가 남을 추천할 때도 nice, good, like 등의 애매한 표현을 삼가하고, 추천하고 싶은 상대방 업무 내용 위주로 자세하게 풀어 쓰자.

⁂ 제 6 계명 "그룹 활동을 열심히 해라"

링크드인을 통해 비즈니스에서 도움을 받은 사람들이 하나같이 입을 모으는 부분이 바로 '그룹 활동'이다. 링크드인 그룹의 특징은 나와 비슷한 관심사를 가졌거나, 동종업계에 있는 사람들이 모인 만큼 그룹의 주제와 관련된 실질적인 내용이 주를 이룬다는 것이다. 단순 친목 모임이라 해도 대화 내용을 경청하다 보면 실제 비즈니스를 진행할 때 참고할 내용이 상당하다는 것을 느낄 수 있다.

2010년 12월, 국내 최대 온라인 마케팅 컨설팅 펌이 자사 직원을 대상으로 '글로벌 트렌드 파악에 가장 효과적인 채널은 어디인가'를 설문 조사한 결과 응답자의 65%가 '링크드인 그룹'이라고 대답했다. 이들은 '글을 올린 사람의 신원이 확실하다', '해당 분야 전문가들이 포진해 있어 가장 빠르면서 정확한 정보를 얻을 수 있다' 등을 그 이유로 꼽았다.

링크드인 그룹의 또 다른 장점은 접근성이다. 내가 평소에 만나기 힘든 위치에 있는 사람들과 허물없이 대화를 나눌 수 있는 것이다. 〈포브스*Forbes*〉 기자들도 취재 과정에서 링크드인 그룹을 많이 활용한다. 이 중 한 명은 "기업 최고 경영자 및 임원을 만나려면 해당 회사 홍보팀에 먼저 연락해 비서실 컨펌을 받아야 하는 등 번거로운데 비

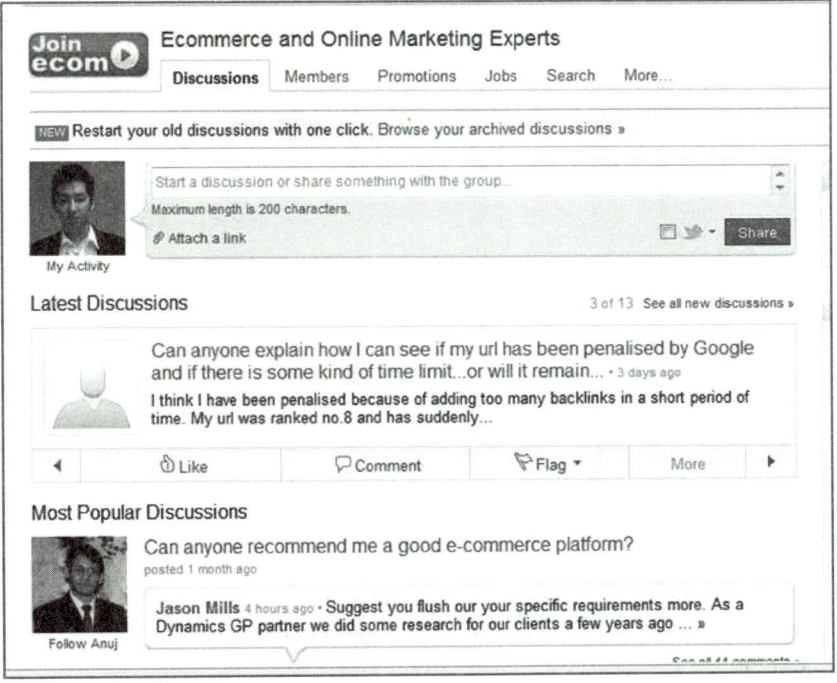

해 링크드인 그룹을 통하면 다양한 업계의 비즈니스 리더들과 자유롭게 대화할 수 있다"고 말한다.

이러한 링크드인 그룹의 특징은 마케팅 컨설턴트나 언론인에게만 적용되는 것은 아니다. 고스란히 국내 비즈니스맨에게도 해당되는 내용이다. 활발히 운영 중인 그룹에 가입해 그룹 사람들의 의견을 들고, 또 이들의 대화에 적극적으로 참여하자. 직·간접적으로 활용 가능한 정보가 가득할 뿐 아니라 나와 내가 속한 회사의 존재감을 여러 사람에게 알릴 수 있는 실질적인 공간이기 때문이다. 나의 대화를 주의 깊게 지켜보는 사람들은 나의 잠재 네트워크이자 비즈니스 파트너로 보아도 무방하다. 나의 대화 내용에서 전문성과 진실성이 묻어나는 만큼 비즈니스 기회도 활짝 열린다.

경쟁업체 관계자가 해외 바이어를 만나기 위해 몇 달 전부터 약속을 잡고, 출장 준비에 분주할 동안 나는 파트너십을 맺고 싶은 회사의 CEO와 링크드인 그룹에서 만나 직접 비즈니스 협상을 하게 될지도 모른다.

⁂ 제 7 계명 "회사 관련 정보는 최대한 매력적으로 올려라"

우리 속담에 '기왕이면 다홍치마'라는 말이 있다. 이 얘긴 링크드인에서도 통하는 진리다. 링크드인은 1:1 인맥을 맺어, 자신의 네트워크를 바탕으로 비즈니스 기회를 만드는 비즈니스맨의 공간이다. 그래서 개인 대 개인으로 만났다 해도 본인이 속한 회사나 관련 업무와 자연스럽게 연결이 된다.

링크드인 내에서 활발히 활동하는 사람들의 프로필은 대부분 정확하고 자세하며, 또 매력적이다. 똑같은 정보를 업로드하더라도 읽는 사람이 보기 편하게, 또 끝까지 파악하고 싶게끔 콘텐츠를 가공해 올리는 것이 관건이다. 그리고 여기에는 회사 관련 정보도 포함된다.

링크드인은 개인 프로필에 슬라이드셰어(Slideshare) 등을 통해 파워 포인트 자료를 업로드하는 기능을 제공한다. 나의 프로필에 관심을 가지고 네트워크를 맺고 싶어 하는 사람에게 공식적으로 회사/브랜 드/제품을 한꺼번에 효과적으로 알리는 창구가 되는 것이다. 특히 중 소기업이나 신생업체 관계자의 경우 시각적인 효과로 잠재 바이어에 게 홍보할 수 있는 절호의 기회이기도 하다. B2B 기업 관계자도 마찬 가지다. 텍스트로 설명할 때 확실히 이해가 되지 않는 부분도 파워포 인트 형식으로 가공하면 정확히 파악되는 경우가 많다.

해외 비즈니스 관계자를 찾으려 할 때 파워포인트가 우리말 혹은 국내 스타일로 만들어졌다면 바이어의 관심을 끄는 데 부족할 수 있 다. 서체는 Calibri, Verdana, Ariel, Georgia 등으로 작성하고 설명보 다는 시각적인 면을 최대한 강조할 것을 권한다. 정말 비즈니스 관계 로 발전하고 싶어하는 사람은 메시징 기능을 통해 연락을 취할 것이 다.

⚶ 제 8 계명 "회사 프로필은 제대로 만들고 관리해라"

링크드인 회사 프로필을 둘러보면 제대로 관리되지 않는 경우가 의 외로 많은 것을 알 수 있다. 2~3년 지난 자료가 업로드되어 있는가 하 면 주소 등의 연락처 표기가 잘못되어 있는 등 기본적인 정보가 부실

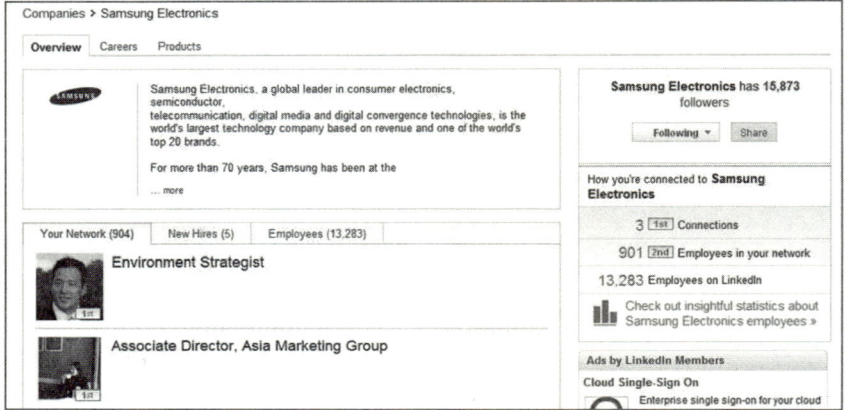

하기도 하다.

필요한 사람들과 네트워크를 맺고 온라인 공간에서 효과적인 브랜드 및 제품을 홍보하고자 링크드인 회사 프로필을 개설하는 것은 쉽다. 문제는 관리다. 회사 프로필을 관리하는 모습을 보면 파트너십을 맺기에 적합한 회사인지 아닌지가 어느 정도 파악된다고 해도 과언이 아니다.

링크드인 회사 프로필은 회사 개요(Overview), 채용 공고(Careers), 그리고 제품 및 서비스 소개(Products & Services) 이렇게 크게 3개의 하위 메뉴로 구성된다. 회사 개요는 회사와 관련된 기본적인 정보를 올리는 공간이다. 간단하게 회사 연혁과 주요 서비스 및 특징을 적으면 된다. 회사 개요 메뉴 오른쪽에는 회사의 최신 뉴스, 웹사이트 주소, 회사 규모, 약도 등의 정보를 올리는 공간이 별도로 마련되어 있다. 링크드인은 나의 네트워크 안에 회사 직원이 있는지를 자동으로 파악해 역시 회사 프로필 오른쪽에 별도로 표시해주므로, 보다 자세한 정보를 알고 싶다면 나의 1촌이나 2촌에게 물어볼 수 있다.

링크드인 회사 프로필은 해외 지사 설립을 추진하기 전에 적합한 파트너사나 현지 사무소 역할을 대행할 직원을 찾는 용도로도 쓰인다. 채용 공고 메뉴에 상세한 직무 자격 요건을 올리면 관심 있는 사람이 지원하는 방식이다. 이때 링크드인 채용광고와 함께 진행하면 훨씬 효과적으로 적정 인물 내지는 회사와 연이 닿을 수 있다. 마감된 채용 공고는 삭제해도 무방하다.

제품 및 서비스 소개 메뉴는 텍스트와 이미지를 슬라이드 쇼처럼 구성해 직·간접적인 홍보가 이루어지는 공간이다. 회사 제품과 서비스를 등록하면 고객이 리뷰를 달 수 있고, 이 리뷰 내용은 모두 실명으로 공개되어 신빙성을 더하게 된다. 그리고 동영상 홍보도 가능하다. 유튜브(www.youtube.com) 채널에 업로드한 동영상을 제품 및 서비스 소개 메뉴 오른쪽에 연동시켜 잠재고객 및 네트워크의 이해를 도울 수 있다.

한 가지 흥미로운 점은 제품 및 서비스에 등록된 리뷰 중 나의 네트워크가 올린 내용이 상위에 노출되는 것이다. 이러한 링크드인의 기

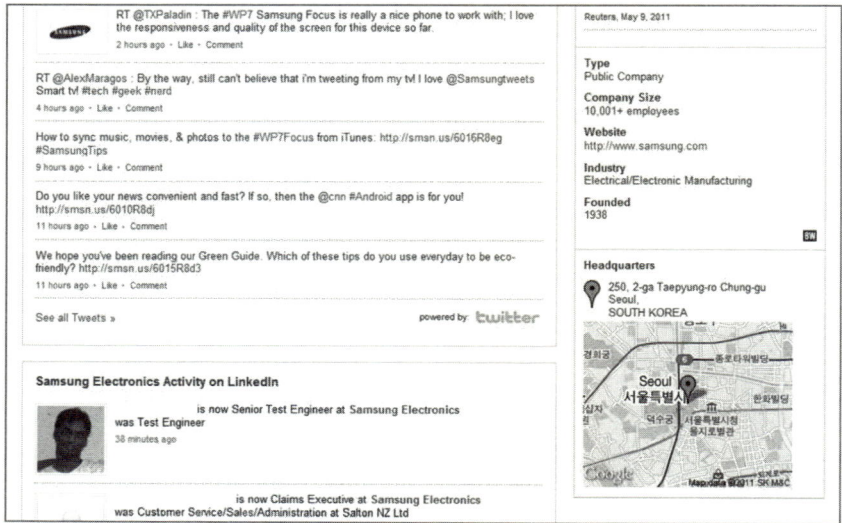

능은 사용자가 사회 프로필에 올라온 콘텐츠를 자세히 살펴보도록 유도한다.

♣ 제 9 계명 "지속적으로 업데이트해라"

세계 최대 온라인 쇼핑몰인 아마존닷컴의 한 MD는 "잠재 온라인 비즈니스 파트너가 링크드인 프로필이나 자사 홈페이지를 상시 업데이트하지 않는 건 우리와 함께 일할 파트너로 적합하지 않다고 간주한다"고 전한다. 업데이트를 비롯한 관리가 얼마나 중요한지를 알려주는 대목이다.

링크드인 사용자 중 상당수는 습관적으로 링크드인 회사 프로필에서 회사 정보를 습득한다. 이 중 극히 일부만 공식 홈페이지에 방문한다는 조사 결과도 있다. 링크드인 회사 프로필에는 그만큼 많은 정보를 담을 수 있고, 또 이 정보가 객관적이면서 신빙성 있는 것으로 여겨지고 있기에 굳이 기업 홈페이지에 접속해 둘러볼 필요성을 못 느낀다는 의미로 해석할 수 있다.

업데이트는 개인 계정에도 해당된다. 승진, 조직 개편 등 신상의 변화가 생겼다면 즉시 반영하는 것이 좋다. 링크드인은 네트워크의 업데이트 정보를 등록 e메일 계정으로 상시 알려준다. 일단 내가 수정내용을 등록 완료하면 나의 네트워크에게 해당 내용이 e메일로 전송된다. 그리고 링크드인 개인 홈 메뉴에서 수시로 확인 가능하다. 즉, 단순 업데이트 만으로 나와 내가 속한 회사를 자연스럽게 홍보하는 기회가 되는 것이다.

온라인 플랫폼 특징 중 하나는 전세계 어디에서나 24시간 접근이 가능하다는 점이다. 내가 잠시 머뭇거린 동안 몇 만 명이 업데이트되지 않은 정보에 노출될 수 있다. 수시로 업데이트를 해야 하는 또 다른 이유다.

♣ 제 10 계명 "다른 소셜미디어와 함께 활용해라"

링크드인은 다른 소셜미디어와 함께 활용할 때 시너지 효과가 발생한다. 수많은 소셜미디어 중 링크드인과 같이 사용하기 적합한 매체엔 유튜브, 페이스북이 있다.

유튜브는 손쉽게 적용 가능한 소셜미디어다. 특히 B2B 기업이 자사 제품 및 서비스를 소개할 때 유용하게 쓰인다. 제7계명에 언급한 슬라이드셰어로 시각적인 면을 강조해 설명한 뒤, 유튜브 동영상으로 보다 자세하게 이해시키면 된다.

국내 트럭 세륜기 제조업체 D사는 링크드인과 유튜브를 함께 온라인 마케팅에 활용해 성과를 거두었다. D사 해외 마케팅 담당자가 2010년 링크드인 개인 계정을 먼저 만든 뒤 회사 프로필을 개설하고 꾸준히 네트워킹을 한 결과 독일 다임러그룹 트럭 사업부문 구매 담당자의 인콰이어리를 수신받는 등의 가시적인 성과를 이끌어냈다. 이 과정에서 D사 담당자는 자사의 제품이 B2B에 해당한다는 점에 착안, 잠재고객의 이해를 돕기 위해 트럭 세척 과정을 동영상으로 제작해 유튜브에 올렸다. 또한 활발한 링크드인 그룹 활동으로 잠재 바이어 및 투자자와 네트워크를 형성해 해외시장조사 단계에서부터 도움을 받고 있다.

광범위한 브랜딩에 초점을 맞추고 싶다면 페이스북 기업 팬페이지가 효과적인 마케팅 도구가 될 수 있다. 페이스북은 전세계에서 가장 가입자가 많은 소셜미디어로 2011년 5월 현재 약 6억명의 회원을 보유하고 있다. 링크드인 만큼 비즈니스맨과 직접적인 네트워크를 형성하는 효과는 떨어지지만 가입자가 많고 별다른 제약 없이 대화를 나누기 때문에 신제품 기획 단계나 소비자 의견을 미리 조사하고 싶을 때 유용한 플랫폼으로 활용 가능하다. 팬페이지에서 팬들이 나누는 대화를 분석해 실질적인 해외 마케팅 활동 이전에 반영함으로써 시행착오를 줄일 수 있다.

3. 링크드인으로 이런 마케팅도 가능하다!

국내 기업이 링크드인을 활용하는 데 있어 고려하면 좋을 3가지 기능에는 이벤트, 설문조사, 광고가 있다. 예컨대 링크드인의 주요 기능인 네트워킹으로 비즈니스 인맥을 넓히고, 이벤트 기획 단계에서 설문조사를 실시해 사람들의 의견을 경청한 뒤, 세부 실행 단계에서 RSVP 기능을 활용해 사람들의 참석 여부를 미리 파악할 수 있는 것이다. 그리고 링크드인 광고로 나의 네트워크에 없는 사람들에게도 이벤트를 알리는 등 효과적인 타깃 계층 홍보가 가능하다.

👥 상품 · 서비스 · 브랜드 홍보

링크드인 기업 프로필에선 기업과 관련된 상품 · 서비스 · 브랜드 홍보를 동시에 할 수 있다. 나와 네트워킹을 맺은 사람 중 내가 몸 담고 있는 회사의 상품 · 서비스 · 브랜드에 대해 더 알고 싶다면 바로 이 링크드인 기업 프로필에서 원하는 정보를 선택적으로 파악할 수 있는 것이다.

기업 프로필 구성은 회사 성격에 따라 자유로운 형식을 따르면 되지만 텍스트와 이미지를 적절히 섞는 것이 좋다. 이미지 위주로 기업 프로필을 구축하면 키워드 검색 시 검색결과에 이미지가 잘 잡히지 않으므로 홍보 효과가 떨어질 수 있다. 반대로 텍스트 위주로 기업 프로필을 구성하면 가독성이 떨어져 방문자가 빠른 시간에 회사 상품·서비스·브랜드를 파악하는 데 도움이 되지 않는다.

링크드인 활용 마케팅의 장점 중 하나가 바로 다른 소셜미디어와 쉽게 연동이 가능해 투자하는 시간과 인력, 비용 대비 높은 효과를 얻을 수 있다는 점이다. 앞에서 언급한 슬라이드셰어나 유튜브 파일을 업로드하는 것도 효과적인 기업 상품·서비스·브랜드 홍보의 한 방법이다. 트위터와 연동해 실시간으로 기업의 새로운 소식을 링크드인 회원에게 전달할 수도 있다. 특히 B2B 기업의 경우 이러한 방법은 잠재고객의 빠른 이해를 돕는다.

기업 프로필 주요 서비스 소개 페이지에서 각 서비스에 대한 자세한 정보를 알고 싶다면 원하는 서비스 소개 항목을 클릭하면 된다. 그러면 다음 화면처럼 세부 서비스 정보를 볼 수 있게 된다. 이 서비스에 대해 조금 더 알고 싶거나 보다 다채로운 정보를 얻고 싶다면 담당자와 연락을 취하거나 공식 홈페이지를 방문할 수 있다.

링크드인 기업 프로필 오른쪽에서 등록한 홈페이지로 바로 연결되며, 담당자와 개별 상담을 원하는 사람은 오른쪽 화면에 등록된 담당자에게 연락해 문의할 수도 있다. 나의 1촌 중 이미 해당 서비스를 경험한 사람에게 물어보는 방법도 있다. 나의 링크드인 네트워크가 건실해야 이렇게 여러 방면으로 도움을 얻게 된다.

해외 마케팅 전문 컨설팅 기업 EC21의 링크드인 기업 프로필.
주요 서비스를 텍스트 형식으로 간단하게 설명한 뒤 서비스별로 따로 항목을 만들어 홍보창구로 쓰고 있다. 이렇게 적절하게 넣은 이미지는 가독성을 높여 효과적인 마케팅 창구가 된다.

주요 서비스를 클릭하면 각 서비스의 보다 자세한 정보가 나타난다.

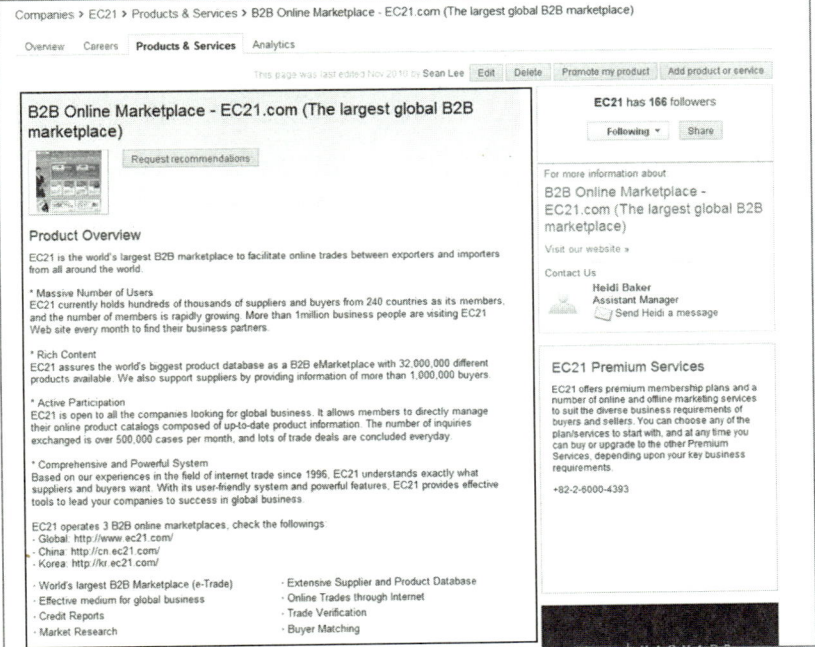

EC21 Products and Services

Filter by: All Products and Services ▾   Sort by: Network recommendations ▾

'Trade OK' membership on EC21.com (B2B Marketplace)

[TRADEOK - Experience the benefits all year round for $495 on EC21.com] TRADE OK is a membership product on EC21.com, World's the 2nd largest B2B online marketplace. Display up to 50 products and UNLIMITED selling leads with Priority Search Listing. Trade OK will make you stay ahead of your...

Request recommendations · Share

Be the first to recommend

Social Media Marketing (SMM)

EC21's Social Media Marketing (SMM) services offer tailored social media campaigns that allow our client companies not only to increase brand awareness, but also directly communicate with customers, thereby building and maintaining long-lasting relationships based on consumers/clients' trust on the...

Request recommendations · Share

Be the first to recommend

Search Advertising / Search Engine Marketing (SEM)

With EC21's Online Advertising services, you can promote your products/services through ads that are displayed along with search results related to your keywords in the search engine(s) of your preference. Unlike other forms of advertising, online ads have the advantage of enabling more...

Request recommendations · Share

Be the first to recommend

Search Engine Optimization (SEO)

Search Engine Optimization (SEO) EC21's Search engine optimization (SEO) service comprises an integral process that will improve your website's visibility in search engines (such as Google, MSN, etc) through optimization techniques that will help your website be listed within the first pages of...

Request recommendations · Share

Be the first to recommend

B2B Online Marketplace - EC21.com (The largest global B2B marketplace)

EC21 is the world's largest B2B marketplace to facilitate online trades between exporters and importers from all around the world. * Massive Number of Users EC21 currently holds hundreds of thousands of suppliers and buyers from 240 countries as its members, and the number of members is rapidly...

Be the first to recommend

♣ 이벤트 홍보 및 RSVP 기능

링크드인 이벤트 홈에 들어가면 새로운 이벤트를 업로드할 수 있는 메뉴(Add an Event)가 있다. 여기에 내가 속한 회사에서 기획하는 행사를 올린 다음 나의 네트워크에게 메시지를 보내 행사를 알리면 된다.

링크드인 가입자는 수시로 새로운 행사 뉴스 검색을 즐기는 편이다. 이들은 본인이 관심 가는 행사가 있다면 RSVP 기능을 통해 참석 여부를 결정한다. 링크드인은 참석 예정자 중 나의 네트워크 인맥이 있는지도 알려준다. 1촌과 연락하면서 행사 관련 세부 정보를 교환할

링크드인 이벤트 페이지에선 다양한 방법으로 행사 검색을 할 수 있다.
이곳에 이벤트를 올리면 사람들이 RSVP 여부를 바로 등록한다.

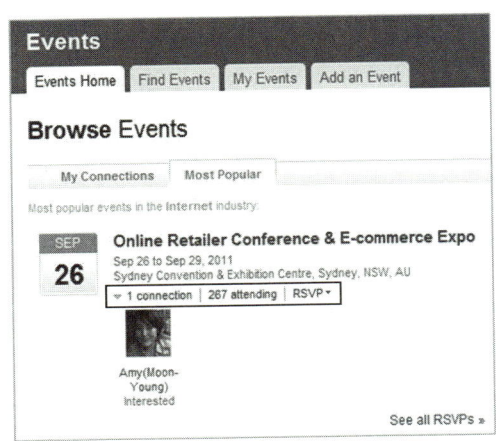

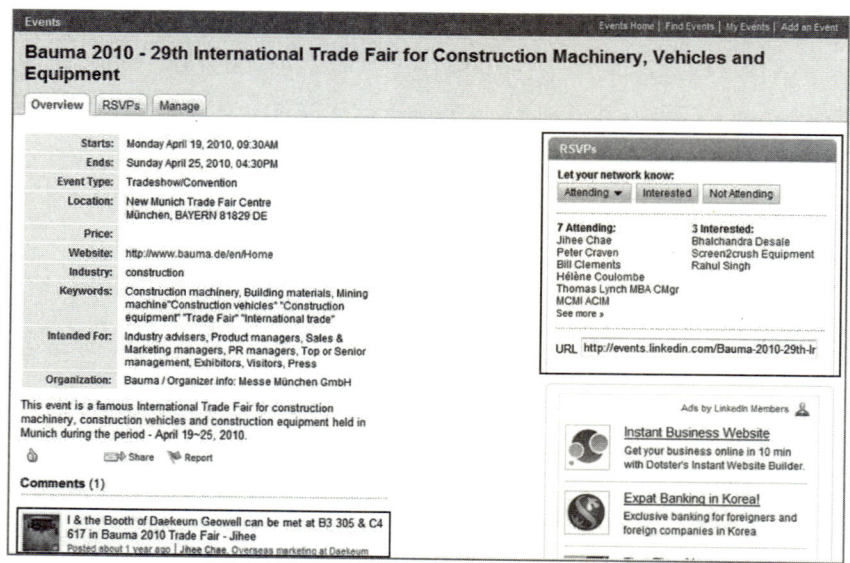

수 있으며, 이들과 의견을 교환하면서 행사 완성도를 높이는 것도 가능하다.

🏛 링크드인 사용자 대상 설문조사

링크드인은 기업이 신제품 출시나 전문가 집단 의견 수렴에 수반되는 설문조사 과정의 번거로움을 줄여준다. 링크드인 인기 애플리케

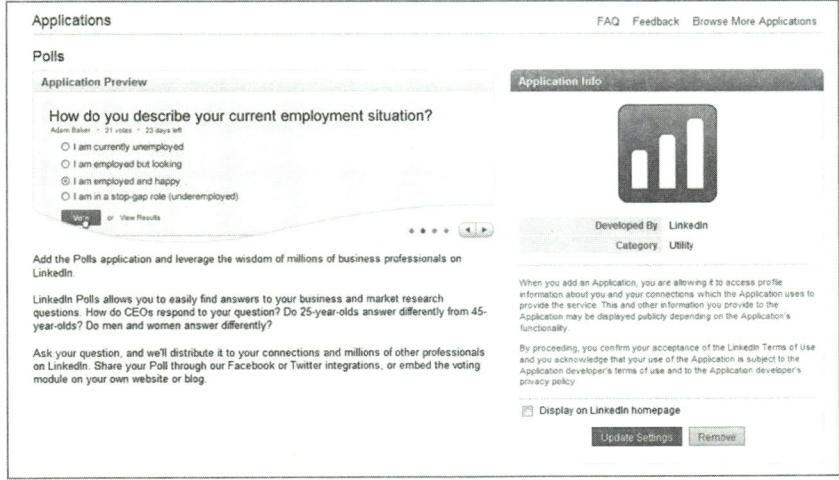

이션 중 하나인 링크드인 폴(Polls)로 사람들의 반응을 미리 알아볼 수 있다.

얼마 전 글로벌 IT 기업 중 한 곳은 신제품 출시에 앞서 링크드인 설문조사를 실시했고, 약 3만 명의 답변을 바탕으로 출시 시기, 가격, 디자인 등의 정책에 반영하기도 했다. 여기에서 중요한 점은 이 3만 명이 불특정 다수가 아니라는 것이다. 이 기업은 설문 기획 단계에서부터 답변자의 연령, 직책, 성별 등을 미리 설정하고 원하는 사람의 답변만 받아 링크드인 폴 애플리케이션을 통해 자동 데이터 산출 결과를 얻었다. 예전 같으면 온라인 전문 리서치 회사에 의뢰해 많은 비

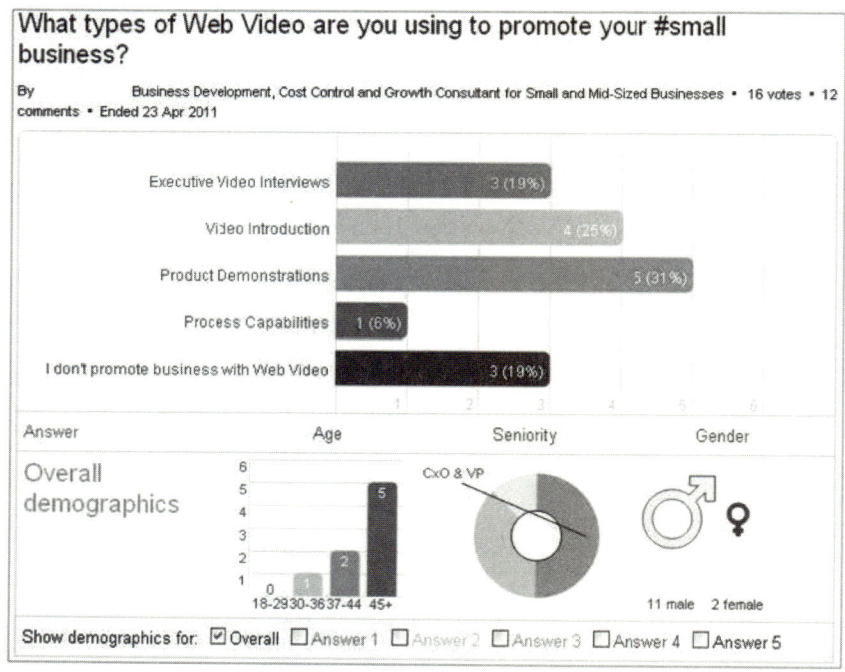

용과 시간을 들여 설문조사를 진행해야 했을 것이며, 최종 보고서를
확보하는 데에도 역시 상당 기간이 필요했을 것이다. 그리고 급변하
는 비즈니스 특성상 비용도 비용이지만 설문조사 결과가 나온 뒤 몇
주만 흘러도 쓸 수 없는 예전 데이터가 되는 경우가 다반사이기에 신
속한 데이터 산출은 온라인 설문조사에 있어 핵심이라 해도 과언이

아니다.

그래서 해외에서 링크드인 설문조사가 각광받고 있다. 링크드인 설문조사는 세부 데이터 산출이 가능하다. 예컨대 답변자의 연령, 직책, 성별 등의 정보를 곧바로 확인할 수 있다. 나의 비즈니스가 주로 중소기업을 타깃으로 한다면 답변할 수 있는 사람을 중소기업 담당자로 제한하면 된다. 북미 지역 바이어의 의견이 궁금하다면 북미 지역에서 비즈니스를 하고 있는 사람들로 답변 대상을 정하면 된다. 여성 구매 담당자의 비즈니스 패턴을 알고 싶다면 답변 대상자를 여성으로, 고학력 위주의 사람의 의견을 듣고 싶다면 원하는 학력 정도를 정하면 되는 방식이다.

링크드인 설문조사는 표본오차가 낮은 것도 특징이다. 답변을 안하면 안했지 장난스럽게 답변하는 사람이 적다는 의미로 해석 가능하다. 한 계정 당 1회만 응답할 수 있으므로 중복 답변의 염려는 하지 않아도 된다. 또한 비정기적으로 재미있는 설문조사를 실시하는 것만으로도 해당 업계에서 브랜딩 효과를 거둘 수 있다.

⚬ 정확한 타깃팅이 가능한 광고

링크드인은 현존하는 소셜미디어 중에서도 가장 정확한 계층에게 광고를 선별, 노출시키는 것으로 잘 알려졌다. 세부적인 항목의 개인정보까지 모여 있기 때문에 광고 전달을 하고 싶은 사람을 찾을 수 있

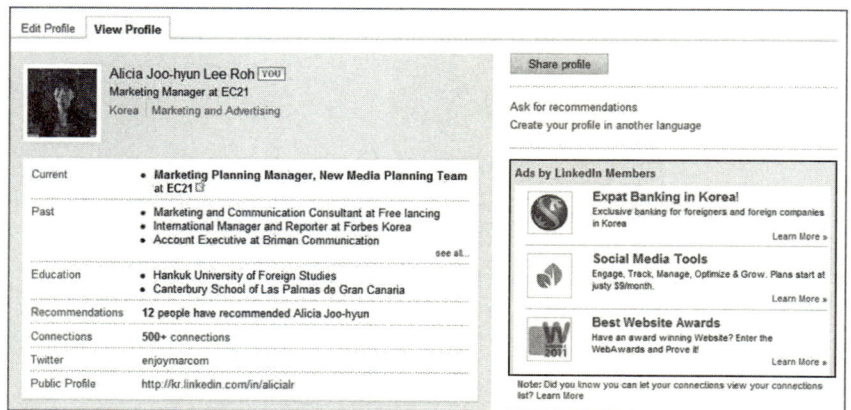

고, 또 대략 몇 명에게 광고를 전달할지 미리 파악 가능하다.

예컨대 내가 프랜차이즈 업체에 IT 솔루션을 공급하는 업자라면 링크드인 광고 메뉴로 들어가 프로필 검색어 중 프랜차이즈를 입력한 사람 수를 미리 찾아볼 수 있는 것이다.

링크드인 광고의 과금방식은 CPC(Cost per Click)로, 클릭당 광고비가 산출된다. 일반적으로 광고가 해당 타깃 사람들에게 노출되는 횟수가 더 많아 자연스럽게 브랜딩 효과를 동시에 얻을 수 있다. 그리고 이 사람들이 광고를 클릭했을 때만 광고비용이 차감된다.

결제방식은 광고 금액에 따라 조금씩 상이하지만 일반적으로 신용

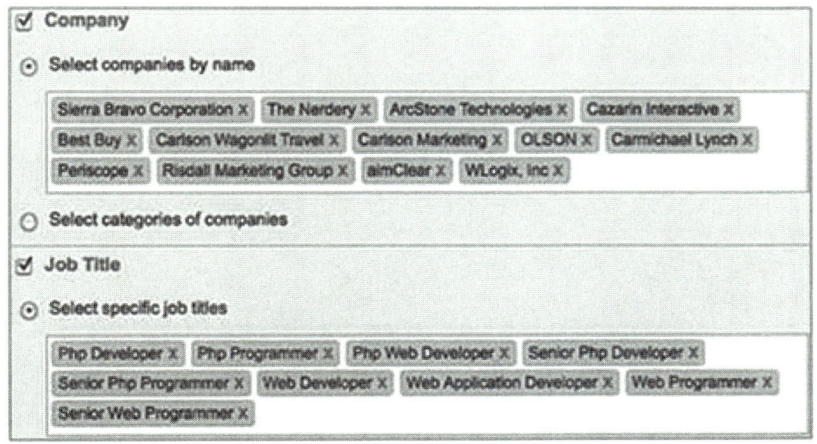

카드 정보를 미리 입력하면 과금 액수가 주기적으로 계산되어 청구된다. 처음 링크드인 광고를 시작하면 5달러 정도가 미리 청구되는데 이는 등록한 신용카드에 문제가 없는지 확인하는 일종의 개런티성 과금이니 걱정하지 않아도 된다. 추후 광고 집행 금액이 청구될 때 5달러가 자동 차감된다. 참고로 링크드인 광고를 시작하려면 해외 결제가 가능한 Visa, American Express, Mastro 카드만 등록할 수 있다.

광고를 세팅할 때 타깃층을 세밀하게 조정할 수 있다. 예컨대 특정 회사, 직책 등을 설정하면 내가 광고를 노출하고 싶은 사람에게만 노출된다. 그리고 광고 효과 및 분석은 다음 그림과 같이 링크드인 자체

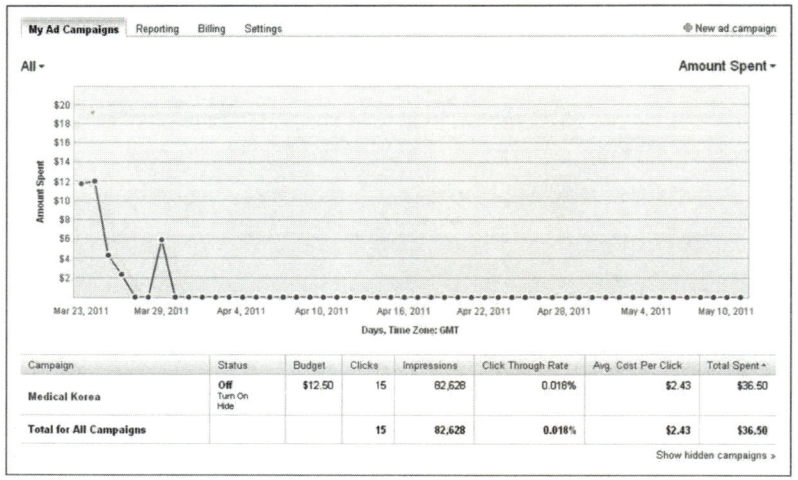

분석 프로그램을 통해 확인할 수 있다.

4. 링크드인 활용 해외 마케팅 성공 사례

　국내 기업은 보통 두 가지 이유로 해외시장 진출에 어려움을 겪는다. 첫째, 예산문제다. 해외시장조사에서부터 소요되는 출장비용, 바이어 접대비용 등의 예산을 한번에 쓰기가 쉽지 않은 경우가 많다. 둘째, 담당 인력의 부재다. 해외 마케팅 전문 인력을 채용해 일련의 교육기간을 거쳐 해당 분야 전문가로 육성하기까지의 과정은 결코 만만치 않다.

　그래서 한국무역협회가 지원군으로 나섰다. 한국무역협회는 2011년부터 국내 대표 강소기업을 선별해 링크드인을 활용한 해외시장 진출을 지원하고 있다. 한국무역협회 '소셜네트워크 수출마케팅 지원센터'는 국내외에서 경쟁력을 인정받은 기업 중 적극적인 해외 마케팅의 필요성은 느끼지만 실행 단계에서 어려움을 겪는 기업을 돕고 있다. 총 5명의 전문인력이 활발히 링크드인 마케팅 활동을 지원

한국무역협회 '소셜네트워크 수출마케팅 지원센터'의 50개 업체 대상 약 3달간의 마케팅 활동 결과

수신 인콰이어리	유효 인콰이어리
2,347건 (평균 47건)	689건 (평균 14건)

가격상담(Price List)	샘플 발송	오프라인 미팅	수출 계약 진행
21개사 55건	3개사 4건	2개사 2건	9개사 10건

CCTV 제조업체 S사	애견용품 제조업체 P사	화장도구업체 S사
이스라엘 에이전트와 총판 납품 계약	러시아 최대 애견용품 리테일러와 계약조건 협의 중	폴란드 바이어가 독점 유통 제의
미용기기 A사	접착제 회사 C사	가정용 LED 제품업체 G사
홍콩 대형 의료기기 판매 업자에게 샘플 수출 2회	미국 유명 1달러 체인스토어와 납품 협의 중	터키 대형 슈퍼마켓 체인이 납품 제의

한 결과, 지원업체 50곳이 평균 47건(총 2,347건)의 인콰이어리를 받는 등 가시적인 성과가 나타나고 있다.

무역협회 지원사업의 도움을 받은 CCTV 제조회사 S사는 링크드인으로 잠재 바이어와의 적극적인 네트워킹 활동을 통해 3개월만에 이스라엘 바이어와 독점 에이전트 계약이 성사되는 성과를 거두었다. 전통적인 해외시장 진출 방법으로 에이전트 계약 건을 성사시키려면 출장 비용에서부터 접대 비용 등 상당한 금액 지출은 물론 오프라인으로 만나 의견을 조율하는 데만 6개월이 소요됐을 테지만 링크드인을 활용해 단 3개월 만에 계약까지 성사시킬 수 있었다.

링크드인이 해외 브랜딩이나 시장조사에 도움되는 것도 무역협회 지원사업을 통해 입증되고 있다. 국내 용접 절단기기 제조업체 H사는 러시아 현지 사무소 개설에 앞서 링크드인을 통해 러시아 유력 유통기업 임원의 도움을 받았다. H사 해외영업팀장과 러시아 기업 임원은 링크드인 안에 있는 수많은 그룹 중 무역 관련 모임에서 만나 친분을 쌓았다. 러시아 기업 임원은 현지 기업문화에서부터 사무소 개설과 관련된 법률 조언 등 고급 정보를 H사 팀장에게 제공했고, 심지어 현지 사무소장으로 적합한 사람까지 추천해주었다. H사 팀장은 "무역협회 지원사업을 신청하면서 사업 성과에 대해 기대하지 않았지만 링크드인을 통해 만난 세계 각지의 기업인들과 네트워킹하면서 얻는 고급 정보는 당장 몇 만 달러의 수출실적이 나는 것보다도 돈으로 환산하기 힘들 정도로 값어치가 크다"고 말했다.

한국무역협회는 2011년 말까지 약 80개 사를 추가 모집해 링크드인을 활용한 해외 마케팅 활동을 도울 예정이다.

5. 소셜미디어 전문가가 생각하는 링크드인 특징

— 경정은 팀장 EC21 뉴미디어 기획팀

"왜 링크드인을 열심히 해도 비즈니스 기회가 생기지 않나요?"

"제가 보낸 e메일엔 사람들이 회신을 하지 않아요. 뭐가 문제인 걸까요?"

링크드인을 처음 사용하기 시작하는 비즈니스맨에게서 자주 듣는 질문이다. 링크드인이 아직 국내에 광범위하게 알려진 소셜미디어가 아닌데다 우리말 서비스를 제공하지 않아 활용법을 잘 모르는 경우가 많다.

위 질문에 답하려면 일단 링크드인의 특징을 이해해야 한다. 링크드인은 다른 유명 소셜미디어와 비교할 때 가입하는 이유부터 다르다. 링크드인 사용자는 대부분 단순 친목이 아니라 비즈니스 파트너 찾기, 채용, 구직, 바이어 검색 등 '뚜렷한 목적'이 있어 가입한다.

인맥 맺는 방법도 차이를 보인다. 링크드인 가입자는 본인의 학력, 경력, 대외활동 등을 사진과 함께 개인 프로필에 업로드한다. 자신의 정보를 노출해 '뚜렷한 목적'을 달성하기 위해서다. 예컨대 바이어를 찾는 판매자라면 링크드인을 바이어 검색이란 '뚜렷한 목적'을 위해 링크드인에 가입하고, 그 안에서 여러 활동을 할 수 있다. 구직자라면 취업하고자 하는 회사 사람들, 채용 담당자, 업계 종사자와의 네트워킹을 통해 원하는 바를 이룰 수 있다. 그래서 링크드인 안에서의 네트워킹과 활동에는 신뢰가 바탕에 깔려 있다.

이제 첫 번째 질문에 답을 할 수 있다. 링크드인은 무조건 열심히 해서 원하는 답을 얻는 소셜미디어가 아니다. 개인 혹은 회사에 맞는 전략을 세우고 목적에 맞게 활용해야 링크드인의 진가를 알게 된다. 먼저 자신의 인맥을 체크하자. 적어도 50명의 인맥은 확보해야 그룹 활동을 하던, 원하는 사람과 인맥을 맺던 원활한 활동이 가능해진다. 1촌 인맥을 추가함에 있어서도 나와 비슷한 업무를 하는 사람, 나의 잠재고객 위주로 네트워킹을 하는 것이 좋다. 그룹 활동도 마찬가지다. 시시콜콜한 이야기보다는 그룹에 가입한 사람들에게 도움될 내용을 올리는 전략이 필요하다. 나의 존재를 전략적으로 어필하다 보면 인맥은 자연스럽게 늘어날 것이다.

이번엔 두 번째 질문에 대한 답변이다. 해외엔 이미 오랫동안 링크드인을 사용한 사람들이 꽤 있다. 특히 유명 판매업자라면 링크드인을 통해 비즈니스 제의를 받는 일에 익숙할 것이다. 상대방 계정에 등록된 e메일 주소로 사업 제의가 들어오는 경우도 많다. 하지만 여기에 함정이 있다. 한국무역협회 소셜네트워크 수출마케팅 지원센터에 따르면 링크드인 계정에 공개한 e메일 주소를 자주 사용하지 않는 가입자가 많은 것으로 나타났다. 그래서 비즈니스 관련 이야기를 시작할 땐 링크드인 메시지 기능을 활용하기를 권한다. 링크드인은 내가

상대방에게 메시지를 보내면 설정한 e메일 계정으로 알림 메시지를 보낸다. 굳이 링크드인에 접속하지 않아도 비즈니스 제의를 확인할 수 있는 것이다.

2010년부터 약 100개 국내기업의 링크드인 해외 마케팅 활동을 도우면서 여러 가지를 배우고 또 느꼈다. 신뢰를 바탕으로 네트워킹을 맺다 보니 업체에게 관심을 보이는 사람은 적어도 가격 리스트까지는 주고 받는다. 소위 말해 '묻지마 식의 문의'가 적다 보니 업체들은 생산적으로 소셜미디어를 활용하게 된다.

만 2년간의 링크드인 해외 마케팅을 통해 실제로 수출이 발생하고, 에이전트 계약을 맺는 등 유형적인 성과가 나왔고, 또한 현지 기업인과의 네트워킹으로 시장조사 비용을 절감하는 등의 무형적인 성과도 달성했다. 그리고 뭐니뭐니해도 세계 각지에서 활동하는 비즈니스맨과 1촌이라는 네트워크로 연결되었다는 사실은 값을 매기기 힘들 정도로 소중한 결과물이다. 내가 어디에서 무엇을 하든지 인터넷에 접속할 수 있다면 이들을 통해 알짜 비즈니스 정보를 실시간으로 파악하고 또 얻을 수 있다.

링크드인 해외 마케팅을 진행한 100여 업체의 해외 마케팅 담당자는 이 시간에도 링크드인에서 잠재고객사 임원과 네트워킹을 하고 있고, 이들 중 상당수는 스카이프 전화연결을 통한 가격 협상을 하는 등 새로운 거래선 발굴에 힘을 쏟고 있다. 링크드인은 공을 들인 만큼 결과로 보상하는 소셜미디어로 통하는 만큼, 이러한 업체들의 노력은 조만간 더 뚜렷한 성과 창출로 이어질 것으로 확신한다.

막대한 자본을 들여 적극적인 해외 마케팅을 펼치기를 주저하는 중소기업이 있다면 링크드인 활용 마케팅을 추천한다. 온라인 세상은 우리가 알고 있는 것보다 훨씬 넓고, 잡을 수 있는 비즈니스 기회도 많이 널려 있다.

6. 문의처

◆ **한국무역협회(Korea International Trade Association)**

지금까지 가장 많은 중소기업의 링크드인 활용 해외 마케팅 지원 사업을
진행한 기관으로 해당 분야 최고 노하우를 자랑한다. 기획 단계에서부터
비즈니스 관점에서의 링크드인 활용법, 인콰이어리 응대 방법 등 무역 전
문가와 소셜미디어 전문가가 함께 컨설팅 서비스를 제공해 신청업체의 만
족도가 높다. 2011년 1월부터 '소셜네크워크 수출마케팅 지원센터'를 열어
국내 알짜 중소기업의 해외 진출을 적극 돕고 있다.

문의 : 한국무역협회 소셜네트워크 수출마케팅 지원센터 (02-6000-5976)

◆ **EC21**

국내 최대 온라인 마케팅 컨설팅 기업. 세계 2위 온라인 e마켓플레이스
EC21(www.ec21.com)을 보유하고 있으며, 약 140명의 온라인 무역과 마케
팅 관련 전문인력이 국내 기업 및 기관의 글로벌화를 돕고 있다. 온·오프
라인 통합 마케팅의 기획에서부터 실행에 이르는 일련의 모든 과정의 컨설
팅 서비스를 제공한다. 구글이 인증하는 국내 유일의 공인 파트너사이기도
하다. 소셜미디어 마케팅을 포함한 검색엔진 최적화(Search Engine
Optimization) 등의 뉴미디어 마케팅에서도 선두주자로 인정받는다.

문의 : 뉴미디어 기획팀 (02-6000-4451, newmedia@ec21.com)
www.newmediamarketing.co.kr, www.ec21.com

링크드인

1쇄 인쇄 2011년 5월 30일
1쇄 발행 2011년 6월 7일

지은이 웨인 브레이트바르트 · **옮긴이** 김미정
펴낸곳 도서출판 **말글빛냄** · **인쇄** 삼화인쇄(주)
펴낸이 박승규 · **마케팅** 최윤석 · **디자인** 진미나
주소 서울시 마포구 서교동 463-3 성화빌딩 5층
전화 325-5051 · **팩스** 325-5771 · **홈페이지** www.wordsbook.co.kr
등록 2004년 3월 12일 제313-2004-000062호
ISBN 978-89-92114-69-1   03320
가격 12,000원

*잘못된 책은 바꾸어 드립니다.